郑和传

Zhenghe's Biography

吴兴勇 著

中国海洋大学出版社
·青岛·

图书在版编目(CIP)数据

郑和传/吴兴勇著.—青岛:中国海洋大学出版
社,2014.6

ISBN 978-7-5670-0630-0

Ⅰ.①郑… Ⅱ.①吴… Ⅲ.①郑和(1371~1435)－
传记 Ⅳ.①K825.89

中国版本图书馆 CIP 数据核字(2014)第 102473 号

出版发行	中国海洋大学出版社	
社　　址	青岛市香港东路 23 号	**邮政编码**　266071
出 版 人	杨立敏	
网　　址	http://www.ouc-press.com	
电子信箱	zhanghua@ouc-press.com	
订购电话	0532－82032573(传真)	
责任编辑	张　华　陈琳琳	**电　　话**　0532－85902342
印　　制	日照日报印务中心	
版　　次	2016 年 6 月第 1 版	
印　　次	2016 年 6 月第 1 次印刷	
成品尺寸	144 mm×215 mm	
印　　张	9.5	
字　　数	166 千	
定　　价	28.00 元	

目　录

第一章　祖先在西域　　　　　　　　/ 1

第二章　少年郑和崭露头角　　　　　/ 8

第三章　惠帝失踪，成祖疑惑　　　　/ 15

第四章　航海原因细究　　　　　　　/ 25

第五章　15 世纪的最大舰队　　　　　/ 35

第六章　周密组织与精英汇集　　　　/ 43

第七章　航行目的地鸟瞰　　　　　　/ 51

第八章　首航占城与平定安南　　　　/ 61

第九章　永乐帝宽恕爪哇杀使之罪

　　　　　　　　　　　　　　　　　/ 66

第十章　郑和时代的爪哇风俗　　　　/ 75

第十一章　建立满刺加基地　　　　　/ 80

第十二章　古里立碑　　　　　　　　/ 87

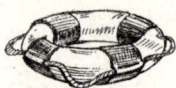

第十三章　旧港生擒海盗头目　　／91

第十四章　促成渤泥国王来华访问

　　　　　　　　　　　　　　　　／95

第十五章　锡兰山寺院布施　　／98

第十六章　开发暹罗　　　　　／104

第十七章　在暹罗的遗迹　　　／109

第十八章　大战锡兰山国　　　／114

第十九章　支持满剌加独立发展／120

第二十章　九州山上采集香料　／126

第二十一章　在苏门答腊国诛除伪王

　　　　　　　　　　　　　　　　／129

第二十二章　麻林国进贡"麒麟"／136

第二十三章　树南京天妃宫碑　／145

第二十四章　加封柯枝王　　　／149

第二十五章　征集珍奇　　　　／155

第二十六章　开展贸易增进友谊／159

第二十七章　出使旧港支持华侨领袖

　　　　　　　　　　　　　　　　／163

第二十八章　监督修筑南京报恩寺

　　　　　　　　　　　　　　　　　／ 167

第二十九章　刻立下西洋事迹碑 ／ 174

第三十章　　郑和古里逝世　　／ 182

第三十一章　梦落西洋

　　　　　　——郑和航海的影响

　　　　　　　　　　　　　　／ 189

第三十二章　孟席斯的推测（一）

　　　　　　——郑和船队发现了

　　　　　　美洲和澳洲　　／ 194

第三十三章　孟席斯的推测（二）

　　　　　　——对古代地图注文的

　　　　　　解读　　　　／ 199

第三十四章　孟席斯的推测（三）

　　　　　　——关于郑和第六次

　　　　　　下西洋　　　　／ 204

第三十五章　孟席斯的推测（四）

　　　　　　——洪保船队发现了

　　　　　　美洲和南极洲　　／ 214

第三十六章　孟席斯的推测（五）

　　　　　——周满船队横渡

　　　　太平洋和发现澳洲 / 227

第三十七章　孟席斯的推测（六）

　　　　　——郑和分船队到

　　　　过澳洲　　　　　 / 234

第三十八章　孟席斯的推测（七）

　　　　　——中国人先于

　　　　欧洲人到达美洲　 / 242

第三十九章　孟席斯的推测（八）

　　　　　——周闻船队曾在

　　　　北美洲和北极探险 / 249

第四十章　结语　　　　　 / 255

附录　郑和航海和哥伦布航海的比较

　　　　　　　　　　　　 / 260

本书人名、地名和其他专有名词一览表

　　　　　　　　　　　　 / 274

参考文献　　　　　　　　 / 288

第一章
祖先在西域

中国著名的大航海家郑和（1371—1433?）举世闻名。他成功地七下西洋，不仅在我国航海史上是空前的壮举，在世界航海史上也是光辉的一页。

郑和姓郑名和，云南人，人们都称他为"三保太监"。

其实，郑和本来不姓郑而姓马，名字叫三保。郑，是明成祖给他的赐姓。南京"马府街"，是一条狭隘的小巷，据说就是因巷内有郑和的府邸而得名。①

郑和像

————————————

① 据《郑和家世资料》(纪念伟大航海家郑和下西洋 580 周年筹备委员会编，人民交通出版社，1985 年)正文第 2 页《郑氏世系家谱》云："一世祖本姓马，讳和。时太祖高皇帝第四子燕王，建文四年起兵，六月即位，年号永乐，后谥成祖文皇帝，在位二十二年，寿六十五岁。公和始事于永乐二年正月初一，御书郑字，赐以为姓，乃名郑和，选为内宫监太监。于永乐三年正月，公和奉命初使西洋……"

　　不过,若往上推五六代,时间上溯一个世纪左右,则郑和原本的家族不但不姓郑,而且不姓马,也不是云南人。

　　郑和的父亲尊称为"哈只"。他长得魁岸奇伟,性善,遇到贫困的人,常常给予保护和救济。他生了两个儿子和四个女儿;郑和排行第二,他哥哥名叫马文铭。①

　　郑和的祖父也尊称为"哈只"②,曾祖叫"拜颜"。原来,所谓"哈只",是伊斯兰教的一种称号,凡是穆斯林朝觐圣城归来,都可以称为"哈只",而且从此就以"哈只"称之而不再称其本名。其实,郑和的祖父原名为察尔米的纳。③

————————

　　① 据《郑和家世资料》正文第一页《马公墓志铭》云:"故公字哈只,姓马氏,世为云南昆阳州人。祖拜颜,祖妣马氏。父哈只,母温氏。公生而魁岸奇伟,风裁凛凛可畏,不肯枉己附人。人有过,辄面斥无隐。性尤好善,遇贫困及鳏寡无依者,惟保护赒给,未尝有倦容……"

　　② 据范中义等著的《郑和下西洋》(海洋出版社,1982年),哈只,实际上并不是郑和父亲和祖父的本名,而是当时人们对朝拜伊斯兰教圣地麦加(中国古代称之为天方)的人的尊称。"哈只"一词本是由阿拉伯语(haji)音转而来,意思是"巡礼人",即朝圣者。郑和祖父和父亲的本名是察尔米的纳和米里金。

　　③ 据《郑和家世资料》卷首云南省政府参事李士厚写的《郑和三种家谱……内容简介》云:《明史》只写下"郑和云南人",语焉不详。直到清光绪二十年,访得郑和父亲马哈只碑,才知道郑和是昆阳的回族马氏,曾祖名拜颜,祖父和父亲,都曾朝觐麦加,人们尊称为哈只。哈只好行善事,遇到贫困无依的人,常加保护赠给。娶妻温氏,生子马文铭及马和,和事明成祖,任内宫监太监,奉命出使西洋。1983年又在民族文化宫找到《郑氏家谱首序》,这篇序文证实了郑和是元代咸阳王赛典赤·赡思丁的六世孙,并追述了咸阳王五世祖是来自西域布哈剌国的国王所非尔。这一年又在云南获得几本《赛典赤家谱》,这几本家谱又将咸阳王的世系上溯到三十一世祖阿拉伯圣王穆罕默德,并记载着郑和的曾祖父伯颜(即拜颜)的长子米的纳(即碑文中的郑和祖父哈只),始封为滇阳侯,其子米里金(即碑文中的郑和父亲哈只)袭封滇阳侯……

郑和为咸阳王六世孙。咸阳王也就是赛典赤·瞻思丁，他原是西域一个伊斯兰教国的贵族。

南宋宁宗嘉定十五年（1222 年），成吉思汗西征灭花剌子模（在今中亚咸海的南方）的时候，赛典赤·瞻思丁率千余骑兵迎接。成吉思汗命他为宫禁警卫，并跟随自己到处征伐，以"赛典赤"（贵族的意思）称之而忘了其他的名字。

成吉思汗去世后，历元太宗、宪宗，到元世祖忽必烈才入主中原。至元十一年（1274 年，两年后元军攻入南宋京城），忽必烈对赛典赤·瞻思丁说："云南地方虽远，但朕曾经亲临，近年来因为当地的长官委任不当，致使边地不安。朕想挑选一个办事谨慎的人前往安抚治理，应该没有比你更适合的了！"

于是，赛典赤·瞻思丁跪拜受命。退朝之后，他马上行动，找来熟悉云南地理的人，画出其山川城郭、驿舍兵站、远近险要的位置图呈给忽必烈，忽必烈大为高兴，于是命他为云南行省的平章政事，赐钞五十万缗，金宝不计其数。

云南地区在唐朝时叫"南诏"，后改为"大礼"，到五代为"大理"，宋朝建立后与"大理"很少往来。元宪宗在位时，命忽必烈加以征讨，于 1253 年灭掉"大理"，所以忽必烈才对赛典赤·瞻思丁说"朕曾经亲临"。

云南在当时仍是个未开化地区，没有什么礼仪规矩，男女往往自相配偶，亲人死了就以火焚之，没有丧祭。人民不懂得农业，子弟也不知读书。

　　赛典赤·赡思丁到任之后,教他们尊敬长者时跪拜的礼节、男女婚姻时行媒的规矩,教他们如何以棺木安葬死去的人并祭奠,还教他们播种耕作,构筑堤防、水塘以抗水旱灾,又创建孔子庙、明伦堂(学宫)、授学田(授田地给学宫,作为经费来源,这种田叫学田)并购经史书籍,因此云南文风稍兴。

　　赛典赤·赡思丁似乎是个人道主义者,即使到这种蛮荒边地,他仍坚持不轻易使用武力。[①]

　　例如,云南边境的交趾(即安南,今越南北部、中部地区)经常反叛,湖广行省屡次发兵征讨均不利。赛典赤·赡思丁遣人向交趾王晓以大义,分析逆顺祸福,并约为兄弟。交趾王大喜,亲自到云南访问,赛典赤·赡思丁也特地郊迎,待以宾礼,使交趾王深受感动,请求永为藩臣。

　　另外,西南诸夷中有个萝槃国,曾经反叛,赛典赤·赡思丁带兵前往征讨。在出征途中他面带愁容,随从的人问他为何发愁,他说:"我不是因自己带兵出征而忧愁,而是为你们冲锋陷阵的人担心,恐怕你们在战场上无辜战死;又担心你们趁战乱抢掠平民,逼得民不聊生,一旦他们造反,你们又要前来征讨。"

　　部队到了萝槃城,并没有进行攻击,而是希望城内人

---

　　① 关于赛典赤·赡思丁的情况可参看上引《郑和家世资料》中《咸阳王抚滇绩》《马氏家乘》等;也可参看明宋濂等撰《元史》中的《赛典赤·赡思丁传》,也可参看郑一均著《论郑和下西洋》(海洋出版社,1985年)第二章第一节"郑和的家世",19～27页。

能不战而降。但三天之后，萝槃仍没有投降的迹象。诸将都请求攻城，赛典赤·赡思丁不许，只派使者再到城内以道理晓谕他们，萝槃国主敷衍说："谨奉命。"

可是又过了三天仍然不降，诸将又开始不耐烦，个个奋勇请求进兵，但赛典赤·赡思丁还是不准，按兵不动。

不过，竟有沉不住气的部分将卒，抗命私自进攻。对此，赛典赤·赡思丁勃然大怒，命鸣金阻止，并召来该部队主官，严厉地斥责道："天子命我安抚云南，并没有命我进行大杀戮。你没有得到主将命令，竟敢擅自进兵，于军法当斩！"

赛典赤·赡思丁当下命人将部队主官缚下，要推出去斩首。诸将见状，急忙叩头请求暂缓执行，等将城攻下之日再论。

这件事很快传到萝槃国主耳里，他感叹："平章宽仁到这种地步，我如果再拒命，恐有不祥。"

于是萝槃国主率众出降，结束了一场战争危机。

之后，西南诸夷陆续归附，不再与朝廷相抗，而对于先前抗命的将卒，赛典赤·赡思丁也予以释放。

诸夷酋长来见时，照例有所献纳，赛典赤·赡思丁均不收入私人府库，而是全数分赐给从官或捐给贫民，又以酒食慰劳诸酋长，缝制衣冠鞋帽送给他们，让他们换掉原来的敝衣草鞋，诸酋长对此感激不尽。

赛典赤·赡思丁在云南共六年，至元十六年（1279年）卒，享年 69 岁。百姓为之痛哭，声闻于巷，交趾王遣使者 12 人前来参加葬礼，所写的祭文中，有"生我育我，慈父慈母"的句子,号泣之声,响彻四野。

元世祖忽必烈,因为怀念赛典赤·赡思丁治理云南的功绩,遂诏命云南省臣,尽守赛典赤·赡思丁所立规矩,不得随便更改。

元成宗大德元年(1297 年),赛典赤·赡思丁被追封为咸阳王,谥忠惠。

赛典赤·赡思丁开发了云南,同时把伊斯兰教也带进了云南。

西域人本来没有姓,赛典赤·赡思丁入云南之后,其后代随汉人风俗为自己取了姓。

赛典赤·赡思丁有五个儿子,名字分别是纳速拉丁、哈散、忽辛、苫(shan,音山)速丁兀默里、马速忽。他们的后裔大体以其名字的首字为姓,而有赛、纳、哈、速、忽、马等姓,都以赛典赤·赡思丁为先祖。

一般认为,郑和是赛典赤·赡思丁第五子马速忽的后裔,是赛典赤·赡思丁的六世孙:

赛典赤·赡思丁(一世祖)——马速忽(二世祖)——马拜颜(曾祖)——察尔米的纳(祖父)——马哈只(父)——郑和。

马家定居在云南昆阳州(在昆明之南晋宁县),成为昆阳的伊斯兰教巨族。① 郑和的父亲马哈只和祖父察尔米的纳,都曾到麦加朝圣,而以当时的交通条件,从中国云

---

① 《明史》卷四十六《地理志》说,郑和生云南昆阳州,其父哈只年二十八岁。昆阳州属云南府,北距府一百五十里,领县二,三泊,易门。

南到阿拉伯的麦加，除了必须具有强健的体魄以外，还必须有足够的财富，马家能做到两代人前往朝圣，可见家境不凡。

赛典赤·瞻思丁的来历业已查清，他是西域普化力国王所非尔的五世孙。

总之，郑和祖籍是西域的一个伊斯兰国家，即普化力国（今乌兹别克斯坦的布哈拉），郑和是普化力国王所非尔的十一世孙，元朝咸阳王赛典赤·瞻思丁的六世孙，他的家族入中国后，在云南成为伊斯兰教大家族。①

---

① 在《元史》"赛典赤·瞻思丁传"中，没有追叙赛典赤·瞻思丁的祖先，因此，人们虽知道郑和为咸阳王的六世孙，但其祖先来历，仍是一个谜。直到1983年8月，北京民族文化宫发现一份南京《郑和家谱首叙》的传抄件，才算把这个问题搞清楚了。根据这篇首叙，我们知道，郑和的远祖，是西域普化力国王所非尔，在宋神宗熙宁三年（1070年），因被邻国侵略，率领部众五千余人、驼马五千余匹，来到中国请求归附为宋朝臣民，宋神宗赵顼委任所非尔为本部正使总管，封宁彝侯。所非尔死后，宋朝政府追赠他为朝奉王；封他长子赛伏丁为昭庆王，次子撒严袭宁彝侯，升莒国公。撒严长子苏祖沙袭宁彝侯。又以功封昭庆王。苏祖沙长子坎马丁，坎马丁长子马哈木，时当北宋亡国，他们可能回归本国。马哈木的长子即赛典赤·瞻思丁。元世祖忽必烈特命他驻镇云南，封咸阳王，其事迹见《元史》。《元史》载赛典赤·瞻思丁最小的儿子马速忽，任云南平章政事。马速忽生子伯颜（义为先知），封淮安王。伯颜生子察尔米的纳，封滇阳侯（滇阳即昆阳的别称），察尔米的纳子马哈只（本名米里金），马哈只生子马三宝，即郑和。又，普化力国，《元史》译作卜哈儿，《明史》"外国传"译作布哈拉，其他在今乌兹别克国境内，仍名布哈拉。但是，普化力国王所非尔入宋受封的事，《宋史》中没有记载，但另有旁证材料。（以上主要参见郑一钧著《论郑和下西洋》第二章第一节"郑和的家世"，19～27页。）

第二章
少年郑和崭露头角

　　《明史》中的《郑和传》没有记载郑和的生卒年。近人经过考证,有的认为郑和生于明太祖洪武四年(1371年),卒于明宣宗宣德十年(1435年)。[①] 但最近有人根据新发现的资料,认为郑和于1433年4月初病逝于古里。如果这种看法得到确证,那么,郑和享年63岁。[②]

　　依此,则他出生的那年,明太祖朱元璋44岁,后来命他下西洋的明成祖朱棣12岁,比郑和大11岁。

　　① 据徐玉虎著《郑和评传》(中国台湾台北市中华文化出版事业委员会印行,1958年)云:郑和生于明太祖(洪武)四年(1371)辛亥,去世于明宣宗(宣德)十年(1435)乙卯,享年六十五岁。又《郑和年表》(见郑鹤声等编《郑和下西洋资料汇编》上册,99～159页)云:宣德十年(1435年),六十五岁,是年郑和卒。按和之卒年,虽不见于史,然以情势推之,当在是年:一是甲戌命罢采买营造诸使只敕南京守备襄城伯李隆、太监王景弘而无郑和。二是因和之卒,南京守备乏人,以黄福参赞南京机务。三是因和之卒,司礼监出缺,以王振为司礼监太监。

　　② 郑和逝世年份,有多种说法,其一为1433年。清朝纂修的《同治上江两县志》中记载:"牛首山有郑墓(衣冠墓),永乐中命下西洋,宣德初复命,卒于古里,赐葬山麓。"考明朝祝允明《前闻记》所载郑和第七次下西洋行程,可以确定郑和1433年4月初在印度南部西海岸之科泽科德(即古里)逝世。(参见郑一钧著《论郑和下西洋》,334～341页)

明成祖像

郑和出生的前一年,元朝最后一个皇帝元顺帝被赶出关后,死于应昌(今内蒙古克什克腾旗西达来诺尔附近),元朝灭亡。他出生那年,大将汤和、傅友德征四川,傅友德于 7 月攻入成都。

但此时云南地区仍在蒙古人的统治之下,所以暂时还是蒙古人的乐园,郑和一家仍在当地享有尊贵的地位。郑和在乐善好施的父亲和善良慈爱的母亲温氏的抚养下,健康地成长。他父亲和祖父朝拜伊斯兰教圣地麦加,来回都是走海路,父亲和祖父的航海本领和知识,造就了郑和这个航海家,尤其是郑和从父亲那里知道了不少关于麦加和西洋的情况。郑和小时候就喜欢用纸做小船,放在水上玩,这证明了他对水和船有浓厚的兴趣。郑和后来能"身长七尺,腰大十围"且"眉目分明,耳白过面,齿如编贝,行如虎步",和幼年时优裕的家境分不开。

但洪武十四年(1381 年)即郑和 11 岁的时候,明太祖谕示傅友德说:"云南古代是西南夷的地区,到汉武帝时,开始派官吏治理,使其臣属中国。今天元朝的余孽巴杂尔、斡尔密等，割据该地，自持险远，害我使臣，在所必讨！"同年九月，明太祖任命傅友德为征南将军，蓝玉、沐英为左、右副将军，率步骑三十万征云南。[①] 结果，于次年平定了云南。

这次战争，对世居云南的郑和来说，可能是他一生际遇的第一个转折点，即由天堂堕入地狱。

明朝当时的军队很野蛮，对幼小的奴隶，女子收为军官的妾侍，男子则加以阉割后留在军营服务。郑和也因此被残忍地阉割。[②]

据记载，明朝军人进入云南后，不但对蒙古人极其残暴，对当地百姓也是如此。他们将当地人分为"民户""军户""匠户"，普遍施行奴隶性的劳动政策，"匠户"做着薪金微薄的建设工作，"军户"做奴隶一般的上山垦荒和兴修水利、下海捕捞等工作，"民户"被分散到各处为奴，使

①　《明通鉴》卷七云：九月，命颍川侯傅友德为征南将军，永昌侯蓝玉、西平侯沐英为左右副将军，师步骑三十万征云南。师行，亲饯之龙江，又蓝玉是开平王常遇春的小舅子，曾远征西番、云南、辽东。出兵今贝加尔湖一带，都取胜而还，被拜为大将军，但洪武二十六年（1393年）二月被朱元璋处死，株连处决三万多人。"蓝玉"的"蓝"字不能写作"兰"。（见《明史》卷一三二《蓝玉传》）

②　《郑和年表》（郑鹤声等编《郑和下西洋资料汇编》上册，99～159页）云：洪武十五年（1382年），郑和十二岁。七月初三日，郑和父马哈只卒，享年三十九岁。长兄文铭，奉柩安厝于宝山乡和代村之原。是时郑和当已于去年明军平云南时，被掳于傅友德或蓝玉等军中。其父哈只，或因遭离乱而遂卒。

其永远离开故土。[1]

郑和向成祖讲述航海

　　被阉割以后的郑和，被安置在征南将军傅友德的军中。13 岁那年，傅友德等奉诏班师回京师，郑和跟着到了南京，也就这样永远离开了故乡。[2]

　　因郑和已被阉割，可以进王宫做杂役且有面见明太祖的机会，又因为他聪明伶俐、善解人意，很得太祖的器重。

---

　　① 见陈存仁著《被误读的远行：郑和下西洋与马哥孛罗来华考》（广西师范大学出版社，2008 年），16 页。其中有"当明朝攻入云南之初，施行强暴行为"等。

　　② 据《明通鉴》卷八：洪武十七年甲子（1384 年）三月，征南将军傅友德、左副将军蓝玉班师还京师，大赏将士，封赏有差。

郑和举止不凡,在宫中和太祖的儿子朱棣很要好,这为他日后地位的提升打下了基础。[①]

有才能的人不会永远屈居下层,总有一天会脱颖而出。郑和少年时代就离开家乡,沦落为奴,甚至被阉割,这当然是最大的不幸,但他也因此得以接近才华超群的王子朱棣,日后成为朱棣的得力助手,帮助朱棣取得天下,又蒙朱棣以全国的财力支持他完成了下西洋的航行,成就了他的大航海家的声名。郑和与朱棣,二人在历史上可以说是相得益彰。

郑和的下西洋航海和哥伦布的西航探险颇有类似之处。因为他们的航海都得到皇家的资助,没有皇家的资助,他们不可能实现航海的梦想。1492年,哥伦布在西班牙伊莎贝拉女王的资助下,驾驶三条快船出航发现了美洲,哥伦布从此扬名世界,而伊莎贝拉女王也因为资助了这次地理大发现而成为历史上有为的女王。1405年,郑和在明成祖朱棣的重金资助和派遣下,出使西洋各国,完成了世界航海史上的伟大壮举。郑和因此成为历史名人,而明成祖也因资助这次航行成为与汉武帝、唐太宗等雄主明君齐名的皇帝。古今中外庸碌的帝王不可胜数,而雄主明君则是凤毛麟角。

----

① 郑一钧著《论郑和下西洋》29页云:在朱棣身边的宦者中,郑和卓然超群,"丰躯伟貌,博辨机敏",其"姿貌才智,内侍中无与比者",自然深受朱棣的赏识和信任。《郑和家谱》在记述郑和之所以被朱棣选中时说:"马哈只次子和,才负经纬,文通孔孟,特选皇廷。"清初某氏为郑和作传时,也说"和有智略,知实习战,帝甚倚信之"。(《古今图书集成》引《明外史·郑和传》)

哥伦布是热内亚人，对西班牙人来说是个异类，但精明的伊莎贝拉女王有重用这个外国人的魄力，因此成就了一桩伟业；郑和非汉人，而且是个太监，对明朝政权来说也是一个异类，可明成祖确有识人之才，竟任用他完成了人类历史上最早的大航海。①

郑和与朱棣，这两个英雄是如何碰撞、结合在一起的呢？据部分记载推测，在朱棣被封为燕王时，因燕王的领地在北平，他便离开南京到北平去守边，而且必须带一班人去，郑和被挑中了，便跟着燕王到了北平。②

也有可能是郑和 15 岁那年（洪武十八年），明太祖诏命冯胜、傅友德、蓝玉三位将领到北平备边，郑和也跟着到了北方边地。郑和 20 岁时（洪武二十三年），元朝故丞相耀珠、萧尔布哈等仍为边患，明太祖命令燕王朱棣率师北伐，并命傅友德率北平兵受燕王节制，为征虏将军。郑和可能就是借这个因缘，从傅友德那儿转到燕王府中，逐

① 太监与科举出身的丞相、大学士相比，是地位卑微的，属于异类，当然，历史上有弄权的太监，那是专制制度产生的变异现象。这里所列举的是郑和航海和哥伦布西航的相同之处，当然，二者的目的有本质上的区别，郑和航海是为了海上贸易，宣扬国威，使邻邦朝贡；哥伦布西航是为了获取黄金，寻找到印度的航路，结果无意中发现美洲，给美洲的印第安人带来毁灭性的灾难。关于这种本质上的区别，本书后文还有详细论述。

② 《明通鉴》卷十云：洪武二十三年（1390年）正月，帝以元故丞相耀珠、萧尔布哈等尚为边患，又诸王封国凡并塞居者，宜令谨边防，预军务，乃命晋王㭎、燕王棣师北伐。并命颍国公傅友德帅北平兵从燕王，定远侯王弼帅山西兵从晋王，皆授征虏将军，受二王节制。是年傅友德之军即受燕王节制，则郑和之入燕王邸，当在其时。

渐成为燕王的得力助手。①据记载,郑和从小就十分勤快、聪明,遇事能机敏地应付,对上级、长者谦恭,办事十分谨慎、周密,因而深受周围人的赞扬。对这样的能人,英明的朱棣自然要重用。这是郑和人生的第二个转折点,即由一个无足轻重的卑微的小奴隶晋升为王公身边受到宠信的办事能人。假如他依旧留在太祖、惠帝统治的南京,他很可能被埋没,因为那里待宦官很严厉,太祖于宫门上立了一块铁牌,言内臣(即太监)不得干预政事,干预的要斩首,只有朱棣才把这道祖训不当回事。②

① 《明通鉴》卷十云:洪武二十三年三月,燕王、傅友德等出古北口,师次伊都,萧尔布哈与耀珠等同诣大军降。捷至京师,帝大悦曰:"肃清沙漠,燕王功也。"是时元降军先后归附,其至北平者,皆听燕王调用。燕兵自此益强。

② 蔡美彪等著《中国通史》(人民出版社,1986年)第八册65页云:明太祖即位,力斥宦官。说宦官"善者千百中不一二,恶者常千百,若用为耳目,即耳目蔽;用为心腹,即心腹病",所以只可供洒扫使令。明太祖定制,内官不许读书识字,诸司不得与内监文书往来,"内臣不得干预政事"。马渭源著《大明帝国》(东南大学出版社,2009年)665页上云:有一次,朱元璋在论及历朝之得失时发表他对历代之女宠、外戚、宦官等危害的看法:"汉亡于外戚、奄寺,唐亡于藩镇、戎狄。然制之有道,贵贱有体,恩不掩义,女宠之祸何自而生!不牵私爱,苟犯政典,裁以至公,外戚之祸何由而作!阉寺职在使令,不假兵柄,则无寺人之祸。"

第三章
惠帝失踪，成祖疑惑

郑和12岁那年（洪武十五年，1382年）八月，贤惠的马皇后逝世，享年52岁。明太祖十分悲痛，决心不再立后。

九月，葬马皇后于孝陵，诸王送葬完毕，准备各自返回王府时，太祖命他们各选僧侣一名一同回去，以便为马皇后修后事。

这时历史上有名的政治和尚"僧道衍"（姚广孝），被推荐给燕王朱棣，两人第一次见面就谈得十分投机，燕王因而向太祖请求，由姚广孝随行。[1]

到北平后，姚广孝奉命住持庆寿寺，但长住王府中，成

---

[1]《明史》一百四十五卷《列传第三十三》《姚广孝传》云：姚广孝，长洲人，本医家子。年十四，度为僧，名道衍，字斯道。事道士席应真，得其阴阳术数之学。尝游嵩山寺，相者袁珙见之曰："是可异僧，目三角，形如病虎，性必嗜杀……"洪武中，诏通儒书僧试礼部。不受官，赐僧服还……高皇后崩，太祖选高僧侍诸王，为诵经荐福。宗泐时为左善世，举道衍。燕王与语甚合，请以从。至北平，住持庆寿寺。出入府中，迹甚密，时时屏人语。

为燕王的主要参谋。

燕王这个人，在太祖的诸子中最有才干和魄力，其领导才能不亚于他的父亲。他对于自己没有当上帝位的继承人，早就耿耿于怀。他把姚广孝这位奇才"收藏"在府中，时常避开众人而与之密商大计，无非是研究要利用怎样的机会突破现状，实现夺权的目的。

洪武三十一年（1398 年），太祖驾崩，皇太孙允炆即位，是为明惠帝。①

惠帝即位后，即采纳齐泰、黄子澄的建议，对封为诸王的叔父们开刀，进行削藩。②

周、湘、齐、岷诸王得罪被废，而最大目标则指向"雄才大略，很像太祖"的燕王。

形势至此，姚广孝劝燕王干脆起兵。

"民心都向着对方，而指责我大逆不道，奈何？"燕王问道。

"臣知天道，何必论民心！"姚广孝很有把握地回答。他曾向道士席应真学得阴阳术数之学，为了增强燕王的信心，他又将精于相人术的袁珙推荐给燕王，燕王随即命

---

① 《明太祖实录》卷二百二十二：洪武二十五年（1392 年）九月，皇太子薨，立孙允炆为皇孙。允炆，懿文太子第二子也。《明史》卷三《太祖本纪》云：洪武三十一年（1398 年）闰五月，帝崩于西宫，年七十一，皇太孙即位，大赦天下，诏以明年为建文元年。

② 《明通鉴》卷十一云：六月，以齐泰为兵部尚书，黄子澄为太常卿兼翰林院学士，同参军国事，建削藩之议。

令姚广孝召袁珙至北平。[①]

袁珙进北平的时候,燕王为了试试他的功力,特地选了九位相貌与自己相似的卫士,自己混在其间,与他们一同操弓箭,于酒肆饮酒,看看袁珙能不能认出。

结果,袁珙一见,即非常"准确"地跪在他面前说:"殿下为何如此糟蹋自己身份?"

燕王闻言,立即离去,并马上召袁珙入府。袁珙在王府为燕王看相,斩钉截铁地对他说:"殿下龙行虎步,日角插天,是太平天子无疑!"[②]

从此,燕王意欲篡位夺权的意志愈加坚决。他与姚广孝加紧选将练兵,收召才勇异能之士。

次年,郑和29岁,燕王终于举兵反叛,上书指斥齐泰、黄子澄为奸臣,并在太祖祖训中找到一条出兵的根据:"朝无正臣,内有奸恶,则亲王训兵待命,为天子讨平之。"燕王自称其部队为"靖难"之师,意思是:"朝廷被奸臣把持,皇帝有难,我根据祖训来救难啦!"历史上也因此将这

----

① 《明史》卷一百四十五《姚广孝传》云:及太祖崩,惠帝立,以次削夺诸王。周、湘、代、齐、岷相继得罪,道衍遂密劝成祖举兵。成祖曰:"民心向彼,奈何?"道衍(姚广孝)曰:"臣知天道,何论民心。"乃进袁珙及卜者金忠。于是成祖意益决⋯⋯

② 《明史·袁珙传》:"(袁珙)生有异禀,好学能诗⋯⋯遇异僧别古崖,授以相人术⋯⋯洪武中,遇姚广孝嵩山寺,⋯⋯后广孝荐于燕王,召至北平。王杂卫士类己者九人,掺弓矢,饮肆中。珙一见即前跪曰:'殿下何轻身至此。'九人者笑其谬,珙言益切。王乃起去,召珙宫中,谛视曰:'龙行虎步,日角插天,太平天子也。年四十,须过脐,即登大宝矣。'"(见孟森著《明史讲义》,岳麓书社,2010年,85~86页)

场皇室内部争夺帝位的战争称为"靖难之役"。

首先，他攻下北平附近的要地，稳固了自己地盘。

惠帝先命耿炳文率师进讨，为燕军所败；再命李景隆代替炳文，统军50万，兵临北平城下。但李景隆是个草包将军，不懂得用兵，被燕王略施小计便溃不成军。

次年，李景隆又集兵60万，比上一次人数还多，声势浩大地在山东誓师进发，结果仍为燕军所败。①

燕军经过几次大胜利后，乘胜南下，但在山东聊城为守将盛庸、铁铉所败。燕王好几次非常危险，但因为朝廷军队奉命不得杀伤燕王（因为是皇帝的叔叔），才得以幸免。

惠帝建文三年（1401年），燕军再败朝廷军于今河北武邑县。但用兵三年以来，燕军所攻下的城邑，兵去之后仍由朝廷收回据守，燕王所占据的始终只是北平、保定、永平三郡而已。

正好，这年冬天，惠帝在京师诏命有司逮捕严办了一些奉命出使而从事不法勾当的宦官。这些宦官畏罪潜逃，纷纷到北方投奔燕王。②

---

① 《明史》卷一百四十五《姚广孝传》云：建文元年六月……成祖遂决策起兵。……兵起，以诛齐泰、黄子澄为名，号其众曰"靖难之师"。道衍（姚广孝）辅世子居守。其年十月，成祖袭大宁，李景隆乘间围北平。道衍守御甚固，击却攻者。夜缒壮士击伤南兵。援师至，内外合击，斩首无算。景隆、平安等先后败遁。

② 《明史·宦官传序》：建文帝嗣位，御内臣益严，诏："出外稍不法，许有司械闻。"及燕师逼江北，内臣多逃入其军，漏朝廷虚实。

他们异口同声地告诉燕王,京师其实甚为空虚,可以派兵直接攻取。

燕王感慨地说:"像现在这样,连年用兵,要到什么时候才能结束? 我现在的想法是,索性临长江边,决一死战,定出胜负,也不要顾虑北返!"

姚广孝在旁也力劝道:"既然京师空虚,则我们一路南下,也不要占领城邑,尽管直趋京师,一举成功,这就是集中兵力打击敌人的要害和空虚处的计策。"

于是当下定计,决意大举南进。

建文四年(1402 年),燕军日夜兼程,接连攻破了山东、淮北要地,长驱渡过淮河,五月占领扬州,其西南方就是南京,京城为之震动。①

惠帝派燕王的从姐、庆成郡主作为代表,前往燕军营垒,商讨割地讲和之事,燕王不听,于六月从瓜州渡江,镇江守将以城降,第二天,燕军就扎营于南京城外的龙潭。

五天后,草包将军李景隆开门接纳燕军进城。

惠帝一看大势已去,下令纵火焚宫。马皇后(惠帝的皇后,不是太祖的马皇后)被活活烧死。

惠帝呢? 死了,或是出逃在外? 这个问题数百年来一直悬而未决,而造成悬疑的关键在于:宫殿毁了,状似自

---

① 《明史·姚广孝传》:"成祖意欲稍休,道衍(姚广孝)力趣之,益募勇士,败盛庸,破房昭西水寨。(盛庸、房昭都是建文帝的将领)道衍语成祖:'毋下城邑,疾趋京师。京师单弱,势必举。'从之。遂连败诸将于淝河、灵璧,渡江入京师。"

焚，但惠帝的尸首遍寻不获。

古代历史典籍的说法也不一致：《成祖实录》说惠帝与马后自焚而死；《明史稿》根据实录的记载说宫中火起，皇帝和皇后都驾崩了。

明朝人曹参芳所著《逊国正气记》则专门讲述惠帝未死出逃后的事迹。

列入正史的《明史》索性说"宫中火起，皇帝不知所终"予以存疑。①

认为惠帝未死的记载说，当时燕王从"金川门"入宫之后，找不到惠帝尸首，就遣人把马皇后尸体翻出，诡言是惠帝尸，当众对之哭泣说："痴儿，为何弄到此等地步！"

八天后，以厚礼葬之，可是埋葬的地点却从来没听说过。

据说京城金川门失守的时候，惠帝在殿廷焦虑地来回踱步，欲殉社稷。在身旁的翰林院编修程济，奏请逊国以图后举，惠帝犹豫不决，不知如何是好。

程济见状，就进一步提议，请皇上削发为僧，以便逃亡，并表示自愿担任扈从。

这时燕王即将入宫，情势迫在眉睫，惠帝束手无策，只

---

① 孟森在他所著的《明史讲义》中说，他在故宫发现了乾隆四十二年重修《明史本纪》刻本，其中的《建文纪末》云："朱棣遣中使出后尸于火，诡云帝尸。越八日壬申，用学士王景言，备礼葬之。"这种说法比流行的《明史·建文纪》"帝不知所终"的说法更明确。（见孟森著《明史讲义》，107页）

有同意，当即一边饮泣，一边令人举火焚宫。

　　在纷乱中，惠帝从地道逃出城[①]，自愿随从的诸臣也分别以各种方法逃出，薄暮时，在神乐观会合，由僧溥恰为惠帝等人削发。[②]

　　众人议定，人多易引人注意，应化整为零。五六十人当中指定三人随时在皇帝左右；其余的人，有的到处奔走负责运给衣食，有的则在各地落户，等惠帝到处游历时，轮番做主，接待惠帝。

　　从此，民间开始有了各种传言，同时也出现了一些奇

---

　　①　明史研究大家吴晗在《郑和下西洋》中说，明末清初有文人钱谦益，写了文章专门讨论建文帝的下落。当时许多书上都说，当南京被燕王包围时，城门打不开，建文帝便剃了头发，跟着几个随从从下水道的水门跑出去了。钱谦益说这种说法靠不住，南京下水道的水门根本不能通出城去。他当时做南京礼部尚书，对宫殿的情况是很熟悉的，此外，还有很多不合事实的传说，他都逐条驳斥了。最后他作了这样的解释：假如建文帝真的跑出去了，当时明成祖所统治的地区只是从北京到南京的交通线附近，只要建文帝一号召，全国各地都会响应他，他还可以继续进行斗争。但结果没有这样。这就可以得出一个结论：建文帝是死在宫里了。但当时不能肯定，万一他跑了怎么办？所以就派人去找。吴晗认为这样的解释比较说得通。（见《吴晗论明史》，武汉出版社，2013年，278页）

　　②　孟森著《明史讲义》中说，《明史·姚广孝传》载："永乐十六年（1418年）三月入觐成祖，（姚广孝）年八十有四矣，病甚不能朝，仍居庆寿寺。车驾临视者再，语甚欢，赐以金唾壶，问所欲言。广孝曰：'僧溥洽系久，愿赦之。'溥洽者，建文帝主录僧也。初，帝入南京，有言建文帝为僧遁去，溥洽知状，或言匿溥洽所。帝乃以他事禁溥洽，而命给事中胡濙等遍物色建文帝，久之不可得。溥洽坐系十余年，至是，帝以广孝言，即命出之。"孟森分析说，如果成祖已得帝尸，何必系溥洽以求其踪迹？若谓溥洽造为其说，则应以妖言罪伏诛，何必假他事以久系之，至十六年而不决？（见孟森著《明史讲义》，106页）

人异事,说这些奇人都是惠帝的追随者。由于惠帝天性
仁厚、亲贤好学,虽然在位仅四年泽施未久,但善政在民,
令百姓怀念。所以,稍有蛛丝马迹,传言者都会带有感情
色彩加以渲染,使之传奇化、神奇化,甚至加上自己一厢
情愿的假想。①

　　而这些,自然会透过某种情报网传到处心积虑要寻找
惠帝下落以斩草除根的明成祖(朱棣)耳里;即使是一些
子虚乌有、查无实据的戏剧化传言,以他的心情,也宁可
信其有,耗费大量财力、人力,进行捕风捉影式的搜寻。

　　惠帝失踪了,燕王篡位夺权成功,摇身一变,成为历史
上堪与汉武帝、唐太宗相媲美的明成祖。

　　朱棣取得全国政权,是郑和人生的第三个转折点,而
且是个极有利的转折。他的命运是和朱棣联系在一起
的。朱棣得了天下,郑和作为受宠的内臣,也就有了飞黄
腾达的机会。如果朱棣败了,他也会跟着倒霉。燕王的

---

　　① 《明史讲义》的作者孟森和吴晗的说法相反。孟森引述钱谦益著作
《有学集》中《建文年谱序》一文为证据。这篇序文很繁琐,但文章的主旨是
说建文帝出亡是真事,而以往各种记录这件史事的书都是作伪非实。序文
中说:"以文皇帝(指朱棣)之神圣,明知孺子之不焚也,明知亡人之在外也,
明知其朝于黔而夕于楚也。胡濙之访张邋遢,舍人而求诸仙,迁其词以宽之
也;郑和之下西洋,舍近而求诸远,广其途以安之也……"序文中描述建文帝
逃亡在外的情况并赞美建文帝说:"让皇帝(指建文帝)苟有分毫不忘天下之
心,凭仗祖德,依倚民怀,散亡可以收合,蛮夷可以煽动……让皇帝……明知
大位之不可再也……以神州赤县为孤竹之封,以休发坏衣为采药之遁。耄
逊遐荒,自此退耕于野;头陀乞食,岂曰馌口四方? 由是而……高皇帝之基
业安……三百年之天地人鬼罔不大安,宁非让皇帝之所诒乎! 让皇帝之至
德,媲诸泰伯,其难易尤相倍……"(见孟森著《明史讲义》,106～107页)

胜利也就是郑和的胜利。唯有燕王夺了天下，成为永乐大帝，他才能动员全国的财力，支持郑和航海的壮举；如果燕王依旧仅仅割据一方，财力有限，郑和是无法出海航行建奇功的。

燕王造反的时候，郑和作为燕王的太监，跟随在军中服役。史书上说："郑和有智有略，知兵善战，朱棣对他十分倚重和信任。"特别是在建文元年（1399 年）十一月，燕王军队与李景隆军战于郑村坝（今北京大兴县东），燕王军大胜，此役郑和作为监军，亲临战场，立下汗马功劳。由于郑和屡建奇功，为朱棣最终取得胜利奠定了基础，更是使得朱棣对他另眼相待。特别是夺得南京后，新政权百端待举，郑和办事，能从抚慰百姓、安定人心、消除隐患等最主要的方面做起，从容得体，很有方略，百姓拥护。朱棣大喜，将他从司礼监太监提升为内官监太监，授四品，主管宫内后勤总务，列入高级官员。朱棣做了皇帝，郑和跟着荣升，这是郑和人生的第四个转折点。^① 这么一来，他就成了明成祖最信任的太监，这年他 34 岁。

上文说过，郑和原来姓马，名三保。因为有功，成祖在永乐二年（1404 年）正月初一，特地为他举行隆重的赐姓仪式，亲自写了一个"郑"字，赐予他做姓，以纪念他在郑

---

① 朱棣夺得天下后，还有一个治天下的过程，助燕王靖难之役，夺得天下，是郑和人生的第三个转折点，属于军功方面，然后，他协助做皇帝的朱棣治理有功，稳定了政权。在治天下的这一关中顺利通过，获得荣任和重用，而不至于成为被排斥的功臣（前朝有例），所以，这是郑和人生的第四个转折点，与单凭军功打天下的第三个转折点有别。

村坝战役中的表现，由此他便改名郑和。时间一久，世人只知"郑和"，反而把他原来的姓氏忘掉了。①

　　由于郑和旧名马三保（或马三宝），又信奉佛教（佛教称佛、法、僧为三宝），人们便称他为"三保太监（或三宝太监）"。到宣德六年（1431 年），朝廷正式封郑和为三保太监。

---

　　① 据《郑和家世资料·序言》第 2 页：建文元年（1399 年）十月，李景隆趁燕王朱棣进攻大宁之机，包围北平，结九营于郑村坝（今北京东坝）。燕王还师交战，连破其七营，斩首数万级，降者数万，取得了自靖难之后对建文帝军队的第一次大胜利。这次战役给朱棣留下了深刻的印象，当他于建文四年（1402 年）在南京登上皇帝宝座，大封功臣之后，想到了在郑村坝建立战功的马三保，赐其郑姓，自此，乃名郑和。

第四章
航海原因细究

　　朱棣称帝后,胸怀大志,策划雄图,革除了前朝许多冗规陋律,同时广开言路,新制大量规章政策,极力强盛大明帝国。他首先要办的是三件大事,决心将它们立为国策,鼎力实现。

　　头一件大事,是把全国的博学鸿儒都请来,编纂一部囊括百家、统驭万类的古今书籍总汇,即把上古以来所有关于国体、军政、经济、民生、天文、地理、名物,以及奇闻逸见、山海异志等全部收入其中,编成一部自有文字以来最大最全的巨典。他把该书取名为《永乐大典》。

　　第二件大事,是怀柔两翼(即与东、西两边的邻国交好),扫平漠北的蒙古余部。他要御驾亲征,把大明周边的前元余孽彻底剿灭。他还要出关北进,增设州县、镇卫,把沦失在外的几百万东北疆土全部收回来。

　　第三件大事,是先把北平升为陪都,进一步要迁都北平。因为大明朝的外患都在北边,军政大事也常以北边为急,他身为皇帝,应该驭北控南,才能开疆扩土、保国安民。

除这三件大事外，他还感到自己称帝后，只有东洋日本和西洋爪哇（今印度尼西亚爪哇）、渤泥（今文莱）、占城（今越南中南部）等海外弹丸小国来朝，比起明太祖开国时有38个海外邦国前来祝贺大为逊色，因此他打算派遣海船，巡阅万邦，将大明国的天朝福音传遍天涯海角。

可是派谁引领这支船队呢？这可得认真选择，如果任用非人，在海上胡作非为，沦为海盗，残害当地百姓，反而败坏了天朝声誉，难以收拾。想来想去，朱棣选中了贴心太监郑和。他与郑和形同知己相处多年，郑和办事忠心且踏实可靠，令他满意而放心，而且郑和出身高贵，眼界宽阔，气度不凡，父祖都远渡重洋去过麦加，郑和从小受父亲教育，对西洋各国地理、人情和风俗十分熟悉，必能胜任此任务。

为了谨慎起见，成祖还为此事询问服务于鸿胪寺（专管仪节的单位）、善于看相的袁忠彻：派三保太监领兵出海吉凶如何？

袁忠彻说："若论三保的姿貌才智，内侍中无人比得上他，臣察其气色不凡，一定可以担任这项使命。"①

据说当时朝中也有反对的，英国公张辅就举荐尚书蹇

① 见袁忠彻著《古今识鉴》卷八："内侍郑和即三保也，云南人，身长七尺，腰大十围，四岳峻而鼻小，法及此者极贵。眉目分明，耳白过面，齿如编贝，行如虎步，声音洪亮。后以靖难功授内官太监。永乐欲通东南夷，上问：以三保领兵如何？忠彻对曰：三保姿貌才智，内侍中无与比者。臣察其气色诚可任。遂令统督以往，所至畏服焉。"

义担任这个出使任务，成祖当场未置可否。后来在一次会议中，道教国师张天师出面推荐郑和，因此无人敢反对。

计议已定，永乐三年（1405 年）的六月十五日，朱棣来到海边巡视，郑和等大员陪同。只见海边新造了许多大大小小的船只，朱棣忽然高声宣旨，令郑和为巡洋正使，统率所有船只，出使西洋各国。其使命有四。一是张扬天朝恩威，敕封列国君主；二是开通海外贸易，把异国的奇珍宝物带回来，以备大明所用；三是剿灭沿海盗贼，安定大明海疆；四是暗中寻访惠帝的下落。

其实，寻找惠帝朱允炆的下落是朱棣派郑和下西洋最重要的使命之一。"楼船西洋岸，意在捕蛟龙。"朱棣登上皇位时，受到原南京朝廷重臣方孝孺等的坚决抵制，虽以极严酷的手段（如灭十族）加以镇压，但民间的抵制情绪一时难以消除。[1] 方孝孺的一些学生自愿赴死就是明证。[2] 因此，惠帝的失踪，对得位不正的成祖朱棣而言，如刺在喉。尽管惠帝未死逃亡的可能性是微乎其微的，但朱棣仍把寻找其下落当作一件危及根本的大事来办。

有人说，惠帝出亡之说虽然绘声绘色，但可能只是惠帝遗臣不忍其遭遇，不满成祖之所为，又对之无能为力，因而

---

[1] 今天有一种说法称，建文帝朱允炆隐居福建时，闻方孝孺被诛十族，立"蒙泉"纪其忠义，希望泉水可洗涤冤情。

[2]《明史》卷一百四十一《方孝孺传》："先是，成祖发北平，姚广孝以孝孺为托，曰：'城下之日，彼必不降，幸勿杀之。杀孝孺，天下读书种子绝矣。'成祖颔之。至是欲使草诏……孝孺投笔于地……成祖怒，命磔诸市……孝孺之死，宗族亲友前后坐诛者数百人。其门下士有以身殉者……"

故意捏造谣言,迫使成祖不安于位,以发泄胸中之恨而已。

将寻找惠帝列为首位,其所反映的并不在于惠帝出逃海外这件事的真实性,而是成祖内心的不安和恐惧。

成祖除了命郑和追踪之外,当郑和第一次出使归来的同年(永乐五年,1407年)十一月,还命胡濙以寻访异人张三丰为名,遍行天下州郡县邑,在国内也进行了"搜索"。胡濙在外达十年之久,虽没有发现惠帝,只带回查访得来的各地民隐,但由这件事也能加深郑和的海外之行确是为了寻找惠帝的色彩。①

除了寻找惠帝这一重大使命外,郑和还有其他重要的使命在,研究郑和下西洋的专家决不能忽略。上文中朱棣宣布的第一个使命——敕封列国君主,这是表面上的说

---

① 孟森著《明史讲义》云:"永乐元年(1403年),(胡濙)迁户科给事中。惠帝之崩于火,或言遁去,诸旧臣多从者,帝(指朱棣)疑之。五年(1407年),遣濙颁御制诸书,并访仙人张邋遢,遍行天下州郡乡邑,隐察建文帝安在。濙以故在外最久,至十四年(1416年)乃还。所至,亦间以民隐闻。母丧乞归,不许,擢礼部左侍郎。十七年复出巡江、浙、湖、湘诸府。二十一年(1423年)还朝,驰谒帝于宣府。帝已就寝,闻濙至,急起召入。濙悉以所闻对,漏下四鼓乃出。先濙未至,传言建文帝蹈海去,帝分遣内臣郑和数辈浮海下西洋,至是疑始释。"孟森说宦官《郑和传》亦载此事。如果成祖朱棣已经确认火中有惠帝的尸首,为什么在海外分途遍访前后二十余年,然后得到一个确实的信息而终于释疑呢?胡濙来见时,朱棣已经就寝,赶紧起床,着急得很,不能等待明日再谈,二人密谈很久,四鼓才放胡濙出来。谈话的内容中,必有建文帝出逃的确实踪迹,并且建文的真正想法是不再复国,免得百姓再遭殃。建文帝托胡濙将他的真意坦白告诉成祖朱棣,从此以后,成祖不再追寻建文帝的踪迹了。第二年(1424年)成祖驾崩,这是史籍上明文记载的证据,无可存疑。(见孟森著《明史讲义》,107页)

辞，其实质目的是为了通好诸国，孤立帖木儿汗国。

蒙古人被明太祖驱出塞外后，分布于西亚的蒙古各国，陷入更大的混乱。这时察合台汗国有一个臣下名叫帖木儿的，在中亚细亚的撒马尔罕崛起，以成吉思汗嫡裔自居，并以武力统一混乱之局，占有今伊朗及印度、土耳其等地，成为一大强国，对明朝西北边防造成严重威胁。

明太祖看到了这个危险，立即决定从海上通好各国，一方面可以获得通商利益，增强国家威望，另一方面可以孤立帖木儿，使其腹背受敌，不敢轻举妄动。于是，在洪武年间他屡次派使者至各国，造成声势。例如，洪武二年（1369年，郑和第一次出使前36年），使臣刘叔勉出使西洋琐里（印度半岛东南端）；洪武三年（1370年），又遣使臣塔海帖木儿出使琐里，福建行省都事沈秩出使渤泥（今加里曼丹岛）和阇婆（爪哇）。

成祖即位后，仍依照太祖所定政策，试图形成一个海上联盟，迫使帖木儿汗国不敢轻启战端。永乐元年（1403年），就有司礼太监侯显从陆路出使乌斯藏（今西藏的前后藏地区），海路方面，有宦官尹庆出使爪哇、满剌加（今马来西亚的马六甲一带）、柯枝（印度半岛西南端）等地。永乐二年（1404年），有马彬出使琐里，张谦送渤泥王回国。

可见自太祖以来，大明帝国的使节就已经活跃在南海和印度洋。郑和于永乐三年（1405年）奉命出使，从本质上也可说是这些活动中的一个。不过，郑和出使的规模远远超过以前的使团。这可能是由于当时帖木儿的入侵已迫在眉睫。有情报说，帖木儿汗国计划假道别失八里

（今新疆北部）侵略中国，成祖一面令甘肃总兵宋晟严加戒备，一面令郑和率庞大的船队出使，显示国威，以联络西洋各国牵制帖木儿。对郑和来说，这几乎是临危受命。

可是，敌情很快有了转机，帖木儿忽然病死在东征途中，其子无能，使其制订好的作战计划落空了，明帝国也避免了一场战争。同时这么一来，郑和出使的一项主要任务无形中消失了，所以后人才认为郑和出使的目的仅仅是为了寻找惠帝的下落。其实这是一种误解，应该说，导致郑和带领如此庞大的船队出使西洋的原因本来就不止这一个。

朱棣宣布的第二个使命——开通海外贸易，这的确是明朝派郑和出海的重要目标。

明太祖的外交政策是："朕以为各蛮夷小国，和中国之间有高山阻断，或相隔着辽阔的海面，十分偏僻，在地图的某一个角落里。如果该国不进攻、骚扰中国，我绝对不攻打它们。"这体现了信奉儒家思想的国家的外交方针，即对邻近国家不做主动的、侵略性的攻击。[1] 对比欧洲殖民者（西班牙、葡萄牙以及后期的荷兰、英国等）杀害数千万美洲印第安人和无数澳洲原住民，抓捕非洲黑人到美

---

[1] 明太祖朱元璋对周边国家采取和平外交政策。他刚刚登基即位就颁诏安南："昔帝王之治天下，凡日月所照，无有远近，一视同仁，故中国奠安，四方得所，非有意于臣服之也。"明政府的对外方针是："与远近相安于无事，以共享太平之福"，但也认为："有为患于中国者，不可不讨，不为中国患者，不可辄自兴兵。"（见杨槱著《郑和下西洋史探》，上海交通大学出版社，2007年，4页）

洲当奴隶开辟种植园,哪种做法更人道不言自明。

明朝政府不会征服小国,只需要它们朝贡,关于这方面,明太祖的方针也十分宽松。他说:"小国来中国朝贡,十分烦琐,劳民伤财,朕不愿这样做。"因此,他规定三年一贡即可。①

在海外贸易方面,明太祖即位之初也颇愿与各国互市。洪武元年(1368年),置市舶提举司,犹如现在的海关,管理进出口事物。但到洪武三年(1370年),由于倭寇猖獗,有不肖奸民与倭寇勾结,于是罢去太仓、黄渡市舶司;洪武七年(1374年)又罢去泉州、明州(今浙江鄞县)、广州三个重要市舶司,从此对外贸易形同中断。

但是沿海居民靠海为生,这种政策等于断了他们的生计,因此有不少人仍然冒险出海,反过来利用禁令以获取暴利。

洪武二十三年(1390年),朝廷诏命户部严禁百姓与外番交通,四年后又下令禁止民间使用番货,试图断绝走私者的生路。

成祖发动"靖难之役"夺得政权登基时,仍重申洪武禁令,可是不久就宣布改变政策,将禁止改为管制,复设市舶司,并规定人民出入境需特准、货物需缴税。

其原因是自太祖以来,战争连年,北征蒙古,东南防备

① 元代蒙古诸汗国横跨欧亚,因而与域外诸国有着极其广泛的联系,明太祖在位期间,全力巩固明朝内部的统治和防御蒙古人的再起,无心也无力向海外开拓,因而与域外诸国的联系,多处于被动地位。

倭寇侵略，西南的番国和蛮邦也常常侵扰边境，加上家室城庙的营建，弄得国库空虚、民生凋敝；再经过四年的"靖难之役"，赤地千里，人民流离失所，国家的经济实在是有必要做多方面的努力，予以改善。

复置市舶司，扩展国际贸易，就是努力的方法之一：一方面可以阻止货币外流，另一方面可以充裕国家府库；再就是可以解决沿海居民生计，消除海盗崛起的根源，并避免海民与倭寇勾结生事。

朱棣宣称要郑和把异国的奇珍宝物带回来，以备大明所用，结果如何呢？明世宗嘉靖年间的举人黄省会（1490—1540）在《西洋朝贡典录》中记载："成祖继承前人大业，赏赐西洋各国，采买各地的珍宝异货，命令郑和为使者，于是明月之珠，雅姑（又可写作鸦鹘）之石，沈南龙速之香，麟狮孔翠之奇，梅脑薇露之珍，珊瑚瑶琨之美，皆充舶而归。"①

郑和奉命从事贸易的方式，是以国产的锦绮、瓷器，换取南洋的香料、宝货（所以货币不外流），而扩大贸易规模及范围，这是他率大船队出海的经济目的。

朱棣宣布的第三个使命——剿灭沿海盗贼，安定大明海疆，并非无的放矢，而是有针对性的。首先，针对的是倭寇。

---

① 黄省曾所著《西洋朝贡典录》约成书于正德十五年（1520年）间，是研究明代海外交通的重要著作，此段文字摘自书中的《自序》，转引自郑鹤声编《郑和下西洋资料汇编》中册（下），齐鲁书社，1983年，866页。

自从元末征日失败后，中日即互禁通商，而产生一批专以走私牟利的莠民，这批人后来索性在海上劫掠，成为海盗。

后来日本分裂为南北朝，到明朝初年，南朝倾覆，其遗民逃入海中，与海盗勾结，在朝鲜和中国沿海抢夺财物，这就是倭寇的来由。

成祖时，日本遣使来华，成祖允许双方贸易，并在浙江、福建、广东沿海设三个市舶司，日本足利义满也时常主动逮捕海盗来献，倭寇之患稍止，但仍无法根绝。

郑和率领载运两万多士卒的庞大船队，浩浩荡荡地从中国沿海出发，开往西洋，实在也带有威震海上、警告倭寇的意味。

郑和的庞大船队还有巡视安南地区的任务。

安南即今越南北部。秦代即在此设象郡。汉朝在此设交趾、九真、日南三郡。唐朝的时候，设有安南都护

明军大败安南军

府。南宋孝宗时,封其王为安南国王,是为称国之始。

明太祖时,曾遣使前往宣谕,安南入贡,太祖封其主陈氏为安南国王。到惠帝时,陈氏子孙为臣下黎氏所弑,明朝王室信息不灵,全然不知,成祖即位,就封黎氏为王。后来陈氏宗亲陈天平投奔大明,成祖才遣人护送陈天平归国,但却为黎氏所杀,成祖于是决意征讨。

永乐四年(1406年)明军大败安南军,次年平定,于其地置交趾布政使司,自五代末年脱离中国而独立的安南,又重入中国版图。

郑和七次下西洋,有五次都到过交趾南方的占城,其目的是巡视不很稳定的安南地区。

永乐三年(1405 年)六月，郑和接到带领船队首航的圣旨，他是作为朝廷"正使"下西洋，是明朝的重要外交官，带着"大明国统兵大元帅"的头衔。成祖命他便宜行事，包括宣抚、征讨，必要时还可以杀人立威，所以后来郑和所到之处，人们视之为"钦差大臣"，说他有尚方宝剑，可以先斩后奏。

临行前，朱棣祝福他说："你为朕立过汗马功劳，没有你和其他将领出生入死的搏战，朕也难以取得天下。朕没有什么比你的功劳更有价值的东西赏赐给你，今天就赏赐你一片大海吧！朕负责纵横天下，你负责纵横四海。朕要你为大明国开辟海疆，巡使海外万邦，也为你这个太监之人赢一份万世功名。"

这次的奉命远航，是郑和人生的第五个转折点。从这一年开始，他先后七次下西洋，历时 28 年，完成了航海的伟大壮举，比哥伦布发现美洲新大陆早 87 年，比达·伽马到达印度海岸早 92 年，更比麦哲伦环球航行早 1 个多世纪,他不愧是世界航海家的先驱。

郑和人生的五个转折点是互为因果的:没有被阉割的痛苦经历,就没有接近燕王朱棣的机会;没有在朱棣身边做事,就不可能助他取得夺取全国政权的胜利;没有朱棣夺取全国政权,郑和就不可能荣升四品高官;没有荣升四品高官,郑和就不可能担任明朝的重要外交官出使西洋。

当时所谓的"西洋",不是我们现代所指的欧洲和美洲(大西洋两岸),而是指今天中国南海以西的海域,即现在的印度洋或被习惯称为南洋的海域。

《明史》第三二三卷中说:"婆罗,又名文莱,位于东洋的尽处,西洋从这儿开始。"

可见当时的东洋、西洋,大体以今天的加里曼丹岛(婆罗洲)为界。从地图上看,加里曼丹岛(婆罗洲)的中心位置大约在东经115°附近,全岛则在东经110°和东经120°之间。当时的京城南京,在东经118°和东经119°间。后来成祖于永乐十九年(1421年)迁都北京,北京在东经116°和东经117°间。

不论是南京还是北京,都在加里曼丹岛(婆罗洲)的经度范围内。所以有一种说法认为,大明皇朝所谓的东洋、西洋,系以京城为中心,在京城之东为东洋,京城之西为西洋。这种说法大体与前述相符合。

至于古今"西洋"概念的不同,主要是看世界的眼光有大小差异所致。一般来说,明人所认为的世界,最西只到印度洋,所谓"西洋"就是指南海、印度洋所涵盖的范围。

所以到了明朝末叶,西洋(欧洲)教士利玛窦来到中国

北京城

时,发现中国人原有的"西洋"观念并没有包含他的国家意大利,只好自称"大西洋人"。

而中国士大夫从他口中得知,意大利及欧洲各国是在传统所知的"西洋"更西之地时,就以"泰西"来称呼欧洲各国。"泰"就是"太"和"极"的意思,"泰西"就是"极西"。

郑和率领的船队,不仅规模宏大,而且组织严密,是15世纪世界上规模最大的船队。

郑和船队规模的宏大,首先表现在船舶的数量大、种类多。

郑和船队有许多大海船,称作"宝船"。顾名思义,"宝船"是"取宝之船"。它是郑和船队的主体。郑和下西洋所携带的各种物品,从西洋换回来的奇珍异宝都在这种船上。据《瀛涯胜览》记载:"宝船有六十三艘,大船长

仿郑和宝船图

四十四丈四尺,阔一十八丈,中等船三十七丈,阔一十五丈。"换成现代的计量标准,大型"宝船"约长151.8米、宽61.6米,中型"宝船"约长136.5米、宽51.3米。除大、中两种类型宝船以外,郑和船队中还有一些辅助船。辅助船之一是水船,用于到附近川泽汲取淡水,解决淡水供应问题。

据《三宝太监下西洋通俗演义》一书中的说法,郑和下西洋的船舶有五种类型。第一种叫"宝船"(船队的帅船,供使团成员及外国使节乘坐,并装载上等货物的大船),第二种叫"马船"(快速的综合补给船,装载次等货物或战马以及各国进贡的动物的中型船只),第三种叫"粮船"(装载粮食和其他补给品的中、小型船),第四种叫"坐船"

明军战船

（设备高档的小型乘船，以搭乘人员为主，上面有生活设施和备用品，作战时，供指挥员们乘坐），第五种叫"战船"（是用来作战的小型船只，乘员都是全副武装的士兵，备有武器库）。从这里可以看出，郑和所率船队的船舶，有的用于载货，有的用来运粮，有的用于作战，有的用于居住，分工细致，种类较多。

据估计，郑和船队有大海船 60 艘左右，连中小船只在内，有 100 余艘，有时多达 200 余艘。

"宝船"的特点是底平、方头、方艄，与今日的大型登陆舰的舰型有相似之处。船上的设备也很可观。"宝船"是多桅、多帆的大型帆船。它航行时张 12 帆，有 9 个桅杆。它的一个锚有几千斤重。它的舵也大得惊人。1957 年在明朝生产"宝船"的旧址龙江宝船厂（今江苏南京市），发掘出一个巨型桅杆，是用铁力木制作的，全长 11.07 米，有三四层楼那么高。有人估计，郑和船队中最大的海船是 1500 吨级的，这在当时确实是世界上最大的船舶。

五百多年前，郑和率领的由航海巨舶——"宝船"为主体的百余艘的庞大船队，不仅在当时（15 世纪）没有任何一个国家的任何一支船队能够与之相比，就是 100 年后欧洲航海家的船队与之相比也要黯然失色。1492 年，哥伦布从西班牙的帕洛斯港开始美洲航海探险时，只有三艘帆船，90 名水手。最大的一条船"圣玛丽亚"号，只有 250 吨级，不过是郑和"宝船"的 1/10。1479 年到 1498

年,葡萄牙海军大将达·伽马远航印度的船队,是当时欧
洲最好的舰船,但他的船队只有四只船,旗舰不足 25 米
长,载重量 120 吨,另外还有 100 吨的一条,50 吨的一条。
这三条船的总吨位,还不到郑和一艘大船的 1/8。郑和船
队平均每条船载人二三百,大宝船至少可容四五百人,甚
至可达千人,而达·伽马三只船总共才有 160 人。他们
返回里斯本时,只剩下两只小帆船,海员生还者还不到一
半。环球航行的麦哲伦船队,也不过由五只帆船组成,其
中 130 吨的两只,90 吨的两只,60 吨的一只,总吨位也只
不过是郑和一艘大型"宝船"的 1/5。这只船队回到西班
牙时,只剩下一条船;出发时有 260 名水手,生还的只有
18 人,麦哲伦本人也死在异乡。他们的远航损失之所以
如此惨重,船小、抗不起风浪是其重要原因之一。

　　但今天也有学者提出了另一种观点,他们认为《瀛涯
胜览》中关于宝船的尺度的记载值得怀疑[①],我国沿海和
东南亚海域至今未发现长 44 丈、宽 18 丈特大木帆船的任
何遗迹,已发现的古代沉船的尺度都在长 35 米、宽 10 米
的范围内。中国古代的造船技术无法造出特大型海船,

----

①　陈存仁著《被误读的远行:郑和下西洋与马哥孛罗来华考》的 60~
61 页"宝船尺度,考证困难"中说,《明史》载"宝船修四十四丈,广十八丈",
即表示郑和所造的宝船,长度是四十四丈,阔度有十八丈……这是一种用木
料制造的船,依照这种船只的尺度,吃水一定很深,而船的桅杆,少的前后只
有一根,多的只有四根,在造船家讲起来,是不可能的。……南洋方面出版
的《文化雕虫》说,明代的一尺,仅等于近世的半尺……北京历史博物馆注明
汉代的一两,等于近代二钱……可以推断明朝的尺度,一定比今时的尺度短
……郑和所造的宝船究竟长多少、宽多少,亦很难断定。

即使用当代的高超技术也无法造出这样特大尺度的木制的航海性能优良的木帆船。小的木帆船更适于海洋远航。15 世纪有一种葡萄牙快帆船。这种船船体小,易操纵,能逆风而驶,葡萄牙人就是坐着这种帆船在非洲沿海航行,发现了好望角等许多地方,后来哥伦布也正是乘这种快帆船发现新大陆的。

　　郑和船队宏大的规模，还表现在这支船队的人数上。郑和七下西洋，每次人数不尽相同，但大约都不少于27000人。据记载，郑和第一次下西洋统领官兵27800余人，第三次下西洋是27000余人，第七次下西洋是27550人。

　　郑和统率的规模如此宏大的船队，是由哪些人员组成的呢？这些船员和乘客可分为五大部分。

　　（1）使节及其随员。包括正使太监、副使太监以及他们的部下，如少监、内监、舍人、鸿胪寺序班等。这是全船队的指挥中枢，他们掌握着外交、贸易、航行和战争的决策权。

　　正使太监除郑和外，还有王景弘，又称王三保。在下西洋的30年中，王景弘始终与郑和并列为正使太监（也有人认为，王景弘开始是副使，后来才成为正使的），成为船队中仅次于郑和的航海家。他生长于造船与航海事业都比较发达的闽南地区，熟悉福建的造船业，有能力随时征用泉州的海船。郑和于宣德八年（1433年）在第七次下西洋归国途中病逝于古里,王景弘接替郑和的主帅职务,率领船队安全返国。宣德九年(1434年),他曾单独出使苏门答腊国。王景弘下西洋途中曾到过台湾,他教会当地人民栽种药草、用药材洗澡、疗治百病的故事,至今在我国台湾地区传说不绝。作为航海家,王景弘懂得根据海鸟的飞行指示航向。他著有《下西洋水程》一书,当时的航海者都将之珍藏,视为秘本,称这本书为"洋更"。

在船队指挥中,地位可与正使太监并列的还有侯显、王贵通等。侯显在永乐五年(1407年)和永乐七年(1409年)参加了郑和第二、三次下西洋。他是一个卓越的陆路旅行家、外交家。永乐元年(1403年),侯显从陆路出使乌斯藏(今西藏地区),行程数万里,永乐四年(1406年)才回朝;永乐十一年(1413年),侯显又奉命出使尼八剌(今尼泊尔)、地涌塔两国;永乐十三年(1415年),侯显由海路访问印度半岛的榜葛剌国(今孟加拉),随行有费信等人;永乐十八年(1420年),侯显由海路出使榜葛剌国以西的沼纳朴儿国(今印度北部的贝拿勒斯西北的江普尔),调解该国和榜葛剌国的冲突;宣德二年(1427年),侯显又率领500人的使团,遍历西域诸国。《明史》记载,侯显有才学,能言善辩,坚强有魄力,敢于担任困难任务,曾五次单独领队出使极远的国家,其功劳和事迹可与郑和媲美。王贵通也有领导才干,他曾代表明成祖赏赐占城王,因为该王曾出兵帮助平定安南。郑和第二次下西洋时,在锡兰山立石碑纪事,碑文中王贵通的名字列在郑和之后,足见他在船队中的重要地位。

至于副使太监，值得一提的有洪保、杨敏、李恺、杨庆、李兴、朱良、周满、杨真、张达、吴忠等人。洪保是个外交家，永乐十年（1412年）曾单独出使暹罗国（今泰国）。宣德五年（1430年）郑和最后一次下西洋时，洪保率领分綜船队访问古里国，又派遣使者访问了默伽国（今麦加）等。杨敏也是外交家和航海家，他参加了郑和的第六次下西洋，在此以前他已有10年

郑和第二次西航在锡兰
所立纪念碑

以上出使西洋诸国的经历。在永乐十九年（1421年）第六次下西洋中，郑和派出一些分綜船队向海洋深处探险，如杨敏等率领分綜船队，至少周游了36个国家，郑和的大船队已于永乐二十年（1422年）回国，直到洪熙元年（1425年），杨敏、李恺等的船队仍在航行，至少航行了4年，是郑和船队航海历史持续时间最长的一次航行。究竟他们去过哪些地方、发现了哪些岛屿或大陆，至今仍是个未知的谜。再如，杨庆也曾率领分綜船队访问忽鲁谟斯（古代波斯湾主要海港，今伊朗境内）等地。还有，李兴也率领分綜船队访问阿丹国（今译为"亚丁"，于阿拉伯半岛南端，今亚丁湾西北岸一带）。至于朱良、周满、杨真、张达、吴忠等，

都曾在宣德六年（1431 年）与郑和、王景弘一道建立了两块纪念碑记述航海的事迹，他们都在碑上留下了姓名，肯定在航海中卓有贡献并有所发现，只是没有留下记录而已。

（2）航海技术人员。包括火长、舵工、班碇手、阴阳官、阴阳生、水手、民稍等驾驶海船的船工。火长最富有航海经验，掌管着航海图和罗盘以及航行方向；舵工掌舵，班碇手掌锚；阴阳官和阴阳生是观测天象、预报气象的人员；铁锚匠、木捻匠、搭材匠是船上的能工巧匠：铁锚匠管修理铁货；木捻匠管修理船舶。①

（3）财经、贸易人员。包括户部郎中、买办、办事、书算手等。户部郎中具体管理钱粮和对外贸易事宜，买办、书算手是管理贸易和书算的事务人员。

（4）军事人员。包括都指挥、指挥、千户、百户、旗校、勇士、力士、军力、余丁等各色将士。

（5）其他人员。有通事（翻译）、医官、医士，有时还有佛教的僧侣。

从郑和船队人员的组成，我们也可以看出郑和出使的目的：一是进行外交活动，为此配置了鸿胪序班（礼宾人员）跟随；一是进行通商活动，为此而配置了户部郎中等理财人员。为了保证达到这两个目的，船队配备了较强的航海力量。船上有富有航海经验的火长和负责观测天

---

① 火长、舵工、班碇手、水手、民稍等都是航海技术人员，班碇手负责航行时抛锚和起锚，民稍是技术人员中的杂务人员，与买办、书手、办事、余丁等组合成庶务人员。

气的阴阳官、阴阳生，使这支船队能够预测到天气的好坏，战胜狂风恶浪。例如，福建福清人林贵和，通《易经》，善卜筮，懂天文气象，在郑和使团中任阴阳官。

为了扬威于海外并防范海盗劫掠，郑和船队专门配备了一支精悍的武装力量。明朝的军事体制为卫所制：5600 人为一卫，指挥官称作"指挥使"；每卫下辖 5 个千户所，每所有官兵 1120 人，指挥官称"千户"；每个千户所下设 10 个百户所，每所有官兵 120 人，指挥官称"百户"。郑和船队中的武装人员中，都指挥、指挥、千户、百户等军官较多，普通兵士较少，所以都是久经战阵的军人，留下姓名的有都指挥朱真、王衡等。朱真曾单独出使忽鲁谟斯两次，其后郑和才航行到忽鲁谟斯以西的地方。王衡在苏门答腊国立了战功，特准其后代世袭军官。

船上的随从中有道教的法师、佛教的和尚，还有卜卦算命的。航行中，船员的神志是否镇定关系极大。为此，郑和以心理治疗方法，请和尚为信佛的人念经，使他们得到宁静，敢于面对大海的惊涛骇浪和种种挑战；如果有人因长期海上生活而精神临近崩溃，郑和就让道士为他们举行驱魔仪式，平复他们的狂躁情绪；如果有人梦见家中发生不祥的事而怨诉，郑和就请算命占卦的为之断吉凶，算命的多半往好处说，以驱除他们心中的顾虑。船只内设有佛堂、小道观之类的精神治疗所，并供奉海员们最尊敬的天妃海神（妈祖）。[1] 每次遇到不测风云，郑和就命令

---

① 见陈存仁著《被误读的远行：郑和下西洋与马哥孛罗来华考》，45 页。

各船的船长到天妃神像前叩头，以祈求平安，稳定军心。

除了上述"心理医生"外，船队还配备了180名中医，平均每150人就有一名中医。所带药物有黄连、大黄、黄芩、龙胆草、巴豆粉、滇漆、血竭、麻黄、常山、诸葛行军散、开关散、卧龙丹、黄土丸等300余种，可以治疗伤风感

郑和祭拜祈祷

冒、瘟疫、惊风、运浪、喉痛、便秘、跌打刀伤、痰多中风等航海病症。

郑和还带了上百名理发匠，为27000多船员理发；还带了数十名老妇人，集中在一条船上，为船员和兵士们缝补衣服。①

---

① 向来航海，除了客船之外，运兵运货的船只，是不许女性上船的，说是"有女同行，航行不利"。所以任何船上都不许女性上船。但是郑和特别造了一只小船，船上载着几十个老年妇女，做的是针线工作，专门为官兵们补衣服，而且从前他们穿的是布袜布鞋，一双鞋穿不到一个月，要是没有妇女为他们制作和缝补，那么出海之时，即使准备20万对鞋袜，也不够长期使用。（见陈存仁著《被误读的远行：郑和下西洋与马哥孛罗来华考》，61页）

　　郑和每到一个地方，总要设帐举行义诊，由船上的医生给当地人治病，因此船上还有两名接生婆（产科医生），教导当地人如何接生。

　　当时南洋诸国，大多信奉伊斯兰教，郑和本人又是穆斯林，因此他所带的通事（翻译人员）也多是穆斯林。

　　郑和的翻译人员，都是他自己招募来的，其中最著名的要数著有《瀛涯胜览》的马欢和撰写《星槎胜览》的费信。

　　马欢，字宗道，浙江会稽（绍兴）人，回族，于永乐十一年（郑和第四次出使）、十九年（第六次）及宣德六年（第七次）三度随郑和出使。他对金帛宝货不感兴趣，致力于将途中所见到的重要都会、形胜名迹、山川地理、政治制度、生产状况、社会风俗、气候物产等记录下来，特别是对郑和使团在各国的活动情况作了记录，最后编成著作《瀛涯胜览》。书中记载的国家有占城、爪哇、暹罗、满剌加、锡兰（今斯里兰卡）等 20 国。通事郭崇礼也参与了此书的编写。

　　费信，字公晓，江苏省昆山县人，生于洪武二十一年（1388 年），他于永乐七年（郑和第三次出使）、十年（第四次）及宣德六年（第七次）三度随郑和出使，另外于永乐十三年随另一名太监侯显出使。他每到一个国家，便取出纸和笔，将当地的山川、人种、气候、风俗记下来以备采纳，后来集成《星槎胜览》一书。该书分前后集：前集所记载的占城、暹罗、爪哇、古里（今印度卡利卡特）、忽鲁谟斯等 20 余国，是费信亲眼见到的国家和地区；后集所记载的真腊（今柬埔寨、老挝及越南南部）、琉球（今中国台湾）、渤泥、苏禄

（今菲律宾苏禄群岛）、天方等20余国，有些内容采自元朝汪大渊的《岛夷志略》。

《瀛涯胜览》和《星槎胜览》两本书为姊妹篇，成为后世研究郑和下西洋的重要资料。

此外，参加过第七次下西洋的巩珍也写了《西洋番国志》一书，记载占城、旧港（今印度尼西亚苏门答腊岛巨港）、苏门答腊等20个国家和地区的情况，弥补了前两书的缺漏。

当时西安大清真寺的哈三，精通阿拉伯语，也随郑和下西洋，担任通事。

第七章
航行目的地鸟瞰

郑和的舰队从永乐三年（1405 年）首航至宣德八年（1433 年）最后一次归国这 28 年中，都去了哪些地方呢？

梁启超先生根据马欢、费信两人的著作对照考释，将郑和去过的地方分为六部分：在马来半岛以东的有 15 国，在满剌加（马六甲）的有 4 国，在苏门答腊岛的有 7 国，在印度的有 6 国，在阿拉伯半岛的有 5 国，在非洲的有 3 国。[①]

一、马来半岛以东的 15 国

1. 占城　Champa，故地在今越南中南部，当时为一独立国，并不属于被明成祖征服并划入大明版图的交趾。

——————
① 见梁启超著《祖国大航海家郑和传》（载《郑和研究资料选编》，人民交通出版社，1985 年）。

汉朝时称该地区为林邑之地,唐朝至德年间以后改称环王国,或称占不劳,或称占婆。其都城不同时期有异(或在西贡)。18世纪初被安南国所灭。

2.灵山　与占城相连,也在越南中南部,即今大岭角附近的达别山。

3.真腊　古国名,即今天柬埔寨,但也包括今老挝和越南南部的一部分。隋唐以前称扶南,至隋始称真腊,宋朝称占腊,明朝称真腊。其国内人民自称甘孛智国。

4.昆仑　越南南部最南端的一个岛屿(Dao Con Lon),又名昆山(Con Son)。该岛为中古海舶往来东西洋必经之地,亦为航行最危险地区,距越南海岸约47海里。

5.宾童龙国　今高棉海岸的一岬角(指陆地突出于海中的尖端部分)。

6.暹罗国　今泰国。暹罗国名始见于永乐元年(1403年)。宋代称罗斛国,曾是柬埔寨的属国。元代时分为两国:暹国和罗斛国。至正年间(1341~1368年)两国合并后称暹罗国。1939年改称泰国,其首都及主要港口为曼谷(Bangkok)。

7.彭坑(或作彭亨)　今马来半岛东岸的彭亨河口(Kuala Pahang),古代为一重要港口,濒临东海岸,与新加坡接壤。彭亨旧城在北干(Pekan),今仍存在。

8.东西竺　又称东竹山、西竹山。竹与竺通。今马来半岛南端的奥尔岛(Pulau Aur),位于潮满岛东南23海里,岛上有两座高峰,故古代航海家误以为两个岛屿。此岛位于南海航道要冲,是古代航船来往目标和取水之地。此岛马来语 Aur,意为"竹",古地名系其音译。

9. 龙牙门　今马来半岛与苏门答腊岛间的群岛,现在的地图作"林加群岛"(Lingga Is)。另一说指今新加坡航道的主航道。

10. 交栏山　又名勾栏山,交阑山,即今加里曼丹岛西南的格兰岛(Pulau Gelam),距散巴角(Tanjung Sampar)西北约 7 海里。元明时期这里是我国海船往来爪哇的航行要道。另一说即"勿里洞岛"(Belitung I)。

11. 假马里丁　又名假里马达,在加里曼丹岛(婆罗洲)西南,与苏门答腊岛相对,即卡里马塔群岛的卡里马塔岛(Pulau Karimata)。明朝古籍中称鸡笼屿,或吉宁马哪。

12. 麻逸冻　又名麻里东、麻叶瓮,在爪哇海中,位于苏门答腊岛与加里曼丹岛(婆罗洲)之间。现在的地图作"勿里洞岛"(Belitung I)。另一说即今印尼巽他群岛的边丹。

13. 爪哇　今印度尼西亚的爪哇岛(Pulau Jawa)。我国古籍中,法显《佛国记》称耶婆提,《唐书》称诃陵,宋朝《诸蕃志》称阇婆,至元代始称爪哇。郑和的船队到爪哇,经常停泊四个港口,先至杜板(今名厨闽),次至新村(今名格雷西或锦石),再至苏鲁马益(今名苏腊巴亚或泗水),后至满者伯夷(今名惹班)。

14. 重迦罗　在爪哇海,现在的地图作"马都拉岛"(Madura)。

15. 吉里地闷　我国古籍中又作吉利闷、吉利问、吉利门等,即今爪哇岛北方的卡里摩爪哇群岛中之卡里摩爪哇岛(Pulau Karimunjawa)。这一群岛共有 20 多个岛屿,各岛上多为茂密的灌丛和椰子树。其中最大的岛屿即为卡里摩爪哇岛。

二、满剌加(马六甲)诸国

1.满剌加(马六甲,又名剌加) 今马来西亚马六甲自治州首府。满剌加王国都城建于 1403 年,滨马六甲海峡北岸,马六甲河流贯穿市中,为马来西亚现存的最古老的城市。城东有三宝山、山麓有青云亭、三宝井,为郑和访问马六甲的史迹。

2.亚鲁 又名阿鲁、阿路、亚路,即 Aru 的译音。在苏门答腊岛北岸,临马六甲海峡,即今日里河口三角洲上的勿拉湾(Belawan),河口内 22 千米处即为棉兰港,为印度尼西亚大商港之一。另一说即今日的阿鲁湾(Teluk Aru)。

3.九州山 此为意译名词,是指马六甲海峡的 9 个岛屿,即今马来半岛西岸海中的森美兰群岛(Sembilan Is),马来语 Sembilan 即"九"之意,在霹雳河口伯拉斯巴萨角以西 10 海里处。

三、苏门答腊岛诸国

1.旧港　明史称为"三佛齐"，六朝时称"干陀利"。现在的地图作"巨港"或"巴邻旁"(Palembang)，在今苏门答腊岛东南部，离慕西河口48海里，为南苏门答腊省首府。

2.苏门答腊国　今苏门答腊岛的西北端，即今苏门答腊岛北端东岸的萨马朗加(Samalanga)。明代时，苏门答腊国当在此地；15世纪时，为亚齐所灭，其国虽亡，而其名却成为全岛的名称，今作苏门答腊岛。

3.南巫里　即今苏门答腊岛西北端亚齐河口南岸的班达亚齐(Banda Aceh)，为苏门答腊国的西邻。其地理位置重要，中世纪时是阿拉伯人收购黄金、象牙、樟脑的商站。今为印度尼西亚国亚齐特区首府。

4.那孤儿　一名花面王国，大约在今天的苏门答腊岛的东岸北部的实格里(Sigli)附近。

5.黎代　大约在那孤儿附近，也在苏门答腊岛西北。

6.龙涎屿　苏门答腊岛北部的东北方的一小岛，可能是今韦岛西北的约12海里的龙多岛(Pulau Rondo)。

7.翠蓝屿　今孟加拉与安达曼海之间的大尼可巴岛(Great Nicobar I)。为尼科巴群岛中最大岛，东南距苏门答腊附近的韦岛约100海里，是由马来西亚航行到印度的中间站。泰米尔语作Nakkavaram，意为裸人国。"翠蓝"

大概是以风景命名,不是音译。

四、印度诸国

1.榜葛剌　今孟加拉国及印度西孟加拉地区。原名 Bengal,今译"孟加拉"。

2.柯枝　在印度半岛的西南端,现在的地图作"科钦" (Cochin),位于阿勒皮以北 50 千米。

3.大小葛兰　或作"固兰",即今印度南部喀拉拉邦较大的港口奎隆(Quilon)。

4.古里国　今印度半岛西南部喀拉拉邦北岸的卡利卡特(Calicut),为印度古港之一。港口位于卡拉叶河(Kallayi R.)北岸,今仍为印度西南海岸重要贸易港口。

5.锡兰　古称狮子国、师子国,今译"斯里兰卡"。

6.溜山国　又称溜山洋国,在锡兰岛西偏南,即今马尔代夫群岛。

五、阿拉伯半岛诸国

1.祖法儿　今阿拉伯半岛阿曼南部的佐法尔省。首府为萨拉拉,主要港口为米尔巴特。

2. 阿丹国　阿拉伯半岛最南端的半岛，今译"亚丁"（Aden），附近有亚丁湾，为西航必经之要地。

3. 忽鲁谟斯　古代波斯湾主要海港，西方通航要地，在今波斯湾与阿曼湾之间、阿曼对岸、伊朗的阿巴斯港（Bandar Abbas）附近，即今米纳布（Minab），后因受外族入侵，于13 世纪末迁至格什姆岛上，仍名忽鲁谟斯。

4. 天方　即阿拉伯地区。中心在今麦加一带。

5. 剌撒　在今亚丁以西的红海之内，可能是东非厄立特里亚的一个港口，也有人说是今阿拉伯也门共和国的伊萨角（Ra's Isa）。

六、非洲诸国

1. 木骨都束　在非洲东海岸，临印度洋，即今索马里的首都摩加迪沙（Mogadishu）。

2. 卜剌哇　在木骨都束之南，今译布腊瓦（Brava），又译巴拉韦（Baraawe），也在索马里境内。

3. 竹步　或译"朱巴"（Juba），在卜剌哇之南。

以现代的国家区分，郑和至少去过越南、高棉、泰国、马来西亚、印尼、孟加拉、印度、斯里兰卡、伊朗、沙特阿拉伯、也门、索马里等国。

此处之所以用"至少去过"，是因为郑和究竟一共去过哪些地方,除史籍所见的明确记载之外,还有不少传说或推测,很难全部确定。郑和没有像唐朝的玄奘一样,回国后口述自己的旅途经历,由弟子辩机记录成《大唐西域记》一书,郑和死于旅途中,没有留下时间让他整理和写作自己的旅行见闻。郑和也没有像哥伦布一样,每天写航海日记,而且不断向国王写信,报告自己的探险收获。郑和把航海当成一种公务,不是个人的探险,因此未作记录。而且郑和下西洋的官方资料全部被明朝中期重臣刘大夏所毁,或者在清代乾隆时期修撰《明史》后丢弃,所以后世对郑和去过的地方只能大致推测。

郑和第一次下西洋准备动身的时间是永乐三年(1405年)六月十五日(即1405年7月11日,奉诏,是年冬出海),返国的时间是永乐五年(1407年)九月二日(1407年9月21日)。当时郑和的年龄为35岁至37岁。经历的国家有占城、旧港、满剌加(即马六甲)、苏门答腊、锡兰、古里等。

郑和第二次下西洋筹备出发的时间是永乐五年(1407年)九月(九月十三日即1407年10月2日,奉命,是年冬或次年春出海),返国的时间是永乐七年(1409年)夏末。当时郑和的年龄为37岁至39岁。经历的国家有占城、爪哇、渤泥(今加里曼丹岛)、满剌加、亚鲁、甘巴里(印度南端的科摩林角)、古里、暹罗、柯枝、南巫里、苏门答腊、锡兰等。

郑和第三次下西洋准备动身的时间是永乐七年(1409年)秋(秋天奉命,十二月出海),返国的时间是永乐九年(1411年)六月十六日。当时郑和的年龄为39岁至41岁。经历的国家有占城、爪哇、古里、柯枝、暹罗等。随行人员有王景弘、费信等。

郑和第四次下西洋准备动身的时间是永乐十年(1412年)十一月(十一月十五日奉命,大约次年冬天才出海),返国的时间是永乐十三年(1415年)七月八日即1415年8月12日。当时郑和的年龄为43岁至45岁。经历的国家有占城、吉阑丹(在马来半岛)、彭坑、爪哇、孙剌、满剌加、亚鲁、苏门答腊、溜山、古里、柯枝、南巫里、加异勒、忽鲁谟斯、锡兰、大食(阿拉伯)、米息(埃及)、麻林(在非洲,今天肯尼亚的马林迪[Malindi]一带)、木骨都束等。随行人员有马欢、哈三等。

郑和第五次下西洋筹备出发的时间是永乐十四年(1416年)十二月(十二月十日奉命,次年冬出海),返国的时间是永乐十七年(1419年)七月十七日即1419年8月8日。当时郑和的年龄为46岁至49岁。经历的国家有占城、爪哇、满剌加、彭坑、南巫里、苏门答腊、锡兰山(斯里兰卡岛)、柯枝、麻林、木骨都束、卜剌哇、沙里湾泥、剌撒、阿丹、忽鲁谟斯、古里、溜山等。随行人员有胜慧等。

郑和第六次下西洋最初动身的时间是永乐十九年(1421年)正月(正月十三日奉命,同年秋出海),返国的时间是永乐二十年(1422年)八月十八日。当时郑和的年龄为51岁至52岁。经历的国家有旧港、榜葛剌、甘巴里、祖法儿、木骨都束、卜剌哇等。随行人员有杨庆、洪保、李恺等。

郑和第七次下西洋开始受命的时间是宣德五年(1430年)六月(六月九日奉命,次年十二月九日出海),返

国的时间是宣德八年（1433 年）七月六日。当时郑和的年
龄为 60 岁至 63 岁。经历的国家有占城、爪哇、旧港、满刺
加、苏门答腊、锡兰山、古里、忽鲁谟斯等。随行人员有王
景弘、李兴、朱良、洪保、杨真、张达、吴忠、朱真、王衡、周
福、费信、马欢、郭崇礼等。①

　　①　关于郑和下西洋航行时间，主要参考清朝张玉廷等写的《明史》、奚
尔恩等《远东史》、郑和等《元妃灵应之纪》碑、费信《星槎胜览》《明实录》、郑
和《娄东刘家港元妃宫石刻通番事迹碑》等，金云铭《郑和七次下西洋年月考
证》（载《郑和研究资料选编》，人民交通出版社，1985 年）135～154 页，郑一
钧《论郑和下西洋》（海洋出版社，1985 年）第六章第二节 255～341 页，杨槱
《郑和下西洋史探》（上海交通大学出版社，2007 年）第五章 33～45 页，《郑和
年表》（郑鹤声等编《郑和下西洋资料汇编》上册，齐鲁书社，1980 年），房仲
甫等著《与郑和相遇海上》（同心出版社，2005 年），郑一钧《郑和下西洋资料
汇编》（齐鲁书社，1983 年）中册（下）第六章第三节。还有其他著作，不一一
列举。

第八章
首航占城与平定安南

在当时南京钟山下、皇城的右边,是宝船制造总厂。

宝船终于制作成功了,郑和准备出发,先在对岸的狮子山摆了祭坛,祈求上苍保佑一路顺风;同时率领官兵到天后宫(妈祖庙)致祭,请这位海上的护航女神,帮助他们克服各种可能遇到的艰险。

然后,在一个黄道吉日,舰队于送行群众和官员们的欢声雷动中,从太仓刘家港出发。

刘家港又叫刘家口,也叫刘河,或作浏河,是太湖支流娄江流入长江口的河口,因为"娄"与"刘"音很近,以讹传讹,变成了"刘河"。元朝时,海运都取道于此。由于郑和出海时此地属于苏州太仓县,所以各书有"苏州刘家港""太仓刘家河""浏河港""娄家港"等不同的记载,其实指同一港口。

船队出长江口后,南下航行到福建长乐县太平港集中、修理、整顿、训练、装载货物和给养,等到永乐三年(1405年)的冬季来临就趁东北季风南下。

这次开航的地点是在闽江口,因为闽江口有一座岛叫五虎岛，所以江口称为五虎门。

船队出闽江口的五虎门，过台湾海峡、东沙群岛、海南岛外侧，航行 10 昼夜，到达占城的港口罗湾头（今越南藩朗以南的嘎那角[Mui Ca Na]，又称巴打浪角，也译巴达兰角，为古代中西海上交通要道）。

但是据国外文献——奚尔恩等写的《远东史》介绍，郑和船队到占城之前，先抵达今菲律宾的吕宋岛的林加烟湾，又到马尼剌（Manila）、苏禄（Sulu，今菲律宾的苏禄群岛）、渤泥（今加里曼丹岛北段文莱）等地，然后到占城。据考证，郑和船队确实经历了这一航程，但这是哪一次航海的航程、是主船队还是分遣船队，尚有争论。

占城是个古国的名称，又称占婆，故地在今越南中南部，192 年建国。唐朝乾符四年（877 年），占城国曾向大唐进贡驯象。自五代以后，史籍对占城多有记载。离郑和首次到占城 113 年前，威尼斯旅行家马可·波罗从中国泉州乘船回国，最先停泊的地点就是中南半岛的占城，然后再由占城沿着中南半岛南下。

郑和船队到达占城后，郑和从宝船上率领 500 名官兵下船登陆，代表明成祖宣读圣旨。

占城国王恭迎圣旨。占城和中国早就有密切联系、唇齿相依。永乐元年，占城国王曾遣使大明，请成祖宣谕其北方的安南，不要南下侵略，成祖答应了，后来安南不听大明宣抚，成祖决定兴兵征讨，并下旨约请占城国王配合作战。

郑和的船队在占城待了数月，迟至永乐四年（1406年）六月才离开。这是因为这年四月，明朝正式出兵讨伐

安南黎氏政权,并历数其 20 大罪状。其中有杀害原安南
国王陈氏子孙宗族;不奉朝廷正朔,擅自改国名为大虞;
明朝政府派兵护送陈氏国王的孙子回安南,黎氏派兵阻
截,诱杀国王之孙;此外,还有侵略占城,夺取板达等四
州,等等。

明朝和安南的战争打了一年,当战事激烈进行时,郑
和的船队驻泊在占城,为明朝部队助威,间或也和安南的
水师开战。永乐五年(1407 年)四月,明朝军队擒获黎氏
政权的首领黎季犛和其儿子黎澄,安南平定,郑和船队也
于这年七月从海外返回,所以郑和的第一次下西洋,和安
南战事有密切的关系。

郑和在占城,为当地人民做了许多好事。与明朝比较
起来,占城是一个相当落后的国家。郑和亲自或派人教
导当地人农业生产技术,如开凿水井、精细耕耘、水稻分
植,试验一年三熟、开辟梯田等,后来,郑和又将越南种植
三季稻的技术带回中国。郑和除了教导生产方法外,还
将明朝的先进工具发放给他们,供应适合在亚热带种植
的药种并教他们种植,把豆腐的做法及吃法教给他们等。

住的方面,占城沿海,有时水涨,房屋容易被淹没,郑
和教他们造屋的方法,屋子下面特设四根硬木柱子,使离
地一丈左右,既可免淹水之苦,又可免于潮湿。

占城国王见到明朝的铜钱,也想学习铸钱,于是设立
工场,由郑和派专家指导如何刻模、如何烧铜,为占城铸
成第一批"国币"。

钱币的产生,也影响了他们的生活习俗。例如,男女

从恋爱到结婚,起初是由赤脚舞开始,某一阶段时男子要到女方家中去住,由女方家长观察十天半月,考验其工作的勤惰,若满意就允许结婚。结婚进行方式,以鼓乐相迎,然后宴请亲友,饮到大家酩酊大醉,才算完成。钱币流行后,恋爱、结婚的模式被加上一项中国规矩,每五十个钱为一串,男女行婚礼前,要先讨论"聘金"多少串。不用说,当然愈多女方愈高兴。同时,女方也要为自己女儿备好五百或一千串,作为"陪嫁"。

越南的美女是举世闻名的。据说郑和抵达占城后,派遣部将率领士兵数百人回国向明成祖汇报经过。可是回

爪哇岛上的三宝祠

国时数百人的队伍等到回到占城向郑和复命时,只剩下数十位老年官兵,其原因是大部分官兵被越南女子所吸引,索性弃官不干,娶越南女子为妻,在越南安家落户,成为后世华侨祖先的一部分。

据说郑和对这种事情似乎并不在意,有人推测他在暗地实行移民政策,使华裔人口在越南人口结构中的比例逐渐提高。[1]

郑和在越南留下的遗迹以三宝井最多,可是经过五六世纪的变迁,现在可能已很难找到了。

占城以出产肉桂、槟榔、柠檬、椰子出名,中国人最需要的越南土产就是越南的上品肉桂。据说这种肉桂皮薄肉厚,味香而甜,用途很广,称为"上猛桂",又称"瑶桂""安桂",与产于湖南两广山谷中的"猛桂"、广西桂平的"浔桂"同为肉桂中的上品。

---

[1]　见陈存仁著《被误读的远行:郑和下西洋与马哥孛罗来华考》,81页。

第九章
永乐帝宽恕爪哇
杀使之罪

郑和的船队于永乐四年(1406年)六月离开占城,向南航行,经南沙群岛、加里曼丹大岛西海岸,航行20昼夜,到达今天印度尼西爪哇岛的杜板(Tuban,今厨闽),但现在印度尼西亚的华人社会认为郑和船队是于永乐四年六月三十日(阴历)在爪哇三宝垄(Semarang)登陆的。

印尼,唐朝时称诃陵国,宋朝时称阇婆国,又称"莆家龙""大港""顺塔"等。

爪哇与中国的交往甚早。据研究,印尼群岛的最早居民称为吠陀人。印尼的历史学家更认为这儿的居民是从云南南下,经过暹罗、马来西亚半岛,再到达印尼群岛各地,可以说是原始的马来人的后裔。

郑和七次下西洋,除第六次以外,一共有六次在爪哇登陆。爪哇岛北临爪哇海,南临印度洋,面积12.6万平方千米。

这时的爪哇岛上,有好几个国家,而以爪哇国为最大。

蒙古入主中原的第一个皇帝元世祖(忽必烈),曾经派遣使臣孟琪前往，竟被爪哇虐待，元世祖大怒，发兵攻之，破其国而还。

明太祖洪武二年（1369 年），派遣外交使者将即位的消息诏谕其国，爪哇因而遣使来进贡。

成祖即位时，也派使者前往宣告即位，并赐以绒绵织绮纱罗。当时爪哇国有两个国王：一个是东王，一个是西王。永乐四年（1406 年）正月十二日，爪哇西王都马板遣使来中国进贡珍珠、珊瑚等物，请求成祖赐印，成祖允诺，赐给镀金银印；同年正月二十九日，东王孛令达哈也遣使来明朝宫廷进贡骏马，请求成祖赐印，成祖也允诺，同样赐给镀金银印。这么一来，东王和西王都说自己是受封赠的爪哇王，双方为争这个名号发生战争，东王战败被杀，所属之地为西王所并。这时，正好郑和船队来到爪哇，经过东王旧地，明朝官兵登岸进行交易，却被西王的兵士误杀，总数达 170 人之多。

这消息被郑和知道后派人回国上奏成祖，请求发兵征讨，西王都马板甚为恐惧，于永乐五年（1407 年）九月派使者亚列加恩等人来明朝首都谢罪。

成祖命人带着敕书，出使爪哇，切实责备西王，敕书写道：

"你居住在南海，过去都能尽职守责，凡有朝廷使者往来，都知道以礼迎送，朕曾经嘉奖过你。可是近来你与东王交兵，竟无缘无故累及朝廷，把朝廷派遣的 170 多名使者都杀了，这些人有什么罪过？再说，你与东王都接受朝廷封爵，理应相互善待，你却为逞贪欲，擅自灭掉东王的国家，据有其土地，所谓违天逆命，还有更甚于此吗？朕本来正准备兴兵讨伐,正好你的使者亚列加恩等人前来请罪。朕以为你尚能悔过,姑且不进兵。可是请你考虑一下:170人死于无辜,难道可以就这样算了吗?因此,朕命你立即缴送黄金6万两,赔偿这些死者的性命,姑且赎你的罪。这样,你还勉强可以保住你的土地和人民;不然的话,朕的问罪之师恐怕终不能不发。你看看安南的下场,你就明白你会遭到什么样的命运!"①

敕书中所提的黄金6万两,是西王主动提出来的。此外,西王还向朝廷表示愿意复立东王的儿子为王。

可是永乐六年(1408年),郑和第二次下西洋时,奉命到爪哇催缴赔偿金,西王只献了黄金1万两。送到朝廷后,礼官以黄金数目不足为由,主张扣押其使者。

成祖说:"朕对远人做这种处置,只不过想令其畏罪而已,岂是贪图他们的黄金?何况爪哇西王已经表示悔过,那些所欠的数额也就可以全免,不必追究!"②

于是,成祖命人放了使者,并派特使前往爪哇,宣谕不

---

① 据《明实录》记载,永乐五年九月二十三日,成祖遣使赍敕谕爪哇国西王都马板曰:"尔居南海,能修职贡,使者往来,以礼迎送,朕尝嘉之,尔此与东王构兵,而累及朝廷所遣使官百七十余人皆杀,此何辜也……方将兴师致讨……朕以尔能悔过,姑止兵不进……即输黄金六万两,偿死者之命,且赎尔罪,庶几可保尔土地人民;不然问罪之师,终不可已,安南之事可鉴矣。"

② 据明严从简《殊域周咨录》卷八《爪哇》记载,五年(永乐五年,1407年),西王都马板上表请罪,愿偿黄金六万两,复立东王之子。从之。六年(永乐六年,1408年),西王都马板献黄金一万两谢罪。礼部臣言其欠偿金五万两,下使者法司治之。上曰:"远人欲其畏罪则已,岂利其金耶!且既能知过,所负金悉免之。"仍遣使赍敕谕意,赐钞币而还。

追究,另外还赐给爪哇王不少中国的钞币。

中国皇帝怀柔远方,对弱小民族,可谓宽厚至极。从此,爪哇每年来进贡,或者隔年进贡一次,或者一年进贡数次。爪哇问题的和平解决,对提高中国在南洋国家中的威信具有重要的意义。

郑和船队先后六次登陆爪哇,在当地留下不少遗迹和传说。

郑和首次登陆的港口,至今仍取名三宝垄,位于狭长的爪哇岛北部中央。此地附近的狮头山上本来有个山洞,里面很宽大。传说这个洞中,毒蛇极多,向来没有人敢进入此洞,而郑和进到洞里,毒蛇皆销声匿迹。他就在洞中悬帐设榻,从来没有受到过蛇的干扰,所以当地人认为郑和是神而不是凡人。

爪哇国港口图

这个洞后来就叫作三宝洞①，因为是在山腰之内，所以外面特地砌了一个石梯，然后才能步行而上。洞前筑亭，陈列香案，亭上四周，悬挂联额，目不暇接。有一副对联出自章太炎先生的手笔，上联是"识君千载后"，下联是"而我一能无"。好多人因为字好，向对联膜拜。

亭后即石洞，洞门

郑和在三宝洞旁

上有双龙抢珠的图案，两旁也有一副对联：上联是"受命皇朝临海国"，下联是"留踪石洞庇人家"。洞中供有郑和的塑像，香烟缭绕。香案下有井，水清而洌，名叫三宝井。

这三宝洞，相传是郑和晚年成仙的地方，这当然是一

① 孔远志、郑一钧编著的《东南亚考察论郑和》（北京大学出版社，2008年）203页上说，印尼三宝垄有三宝洞、三宝墩、三宝井、三宝圣碑。但据陈存仁著《被误读的远行：郑和下西洋与马哥孛罗来华考》144页云：三宝垄（又名三保垄）这地方本来有一山洞，毒蛇多，郑和来后，毒蛇匿迹，后来叫做三宝洞。此洞名"三宝洞"，但称其为三保洞也可以，因郑和本有两个名字，原称三保，后来信佛，又称三宝。

种迷信的传说。现在三宝垄的华侨,每年仍以阴历六月三十日为三保大人①初到的纪念日。每到这天,华侨们要组织迎神出巡的庆祝会,三宝洞②前必有一番热闹,锣鼓喧天,爆竹雷鸣,人山人海。

离三宝洞不远,有一处名叫三宝墩。相传郑和所率领的一队兵船,在这里停泊的时候,曾有一只船沉没海中,这海后来就变成陆地而成仙境,华侨在此处筑一土墩,以留纪念。

该地还有三保公庙,离城较远,但占地较广,庙内的祭台下面,桌围上写着"威震南邦"四字,神位上面绣着的字样是"船公"。

至于三宝井,在爪哇真是可以说多得不得了。许多岛

① 三保是郑和本名。《明史》卷三百四《宦官传》:郑和云南人,世所谓三保太监也。查继佐《罪惟录》传二十九《郑和传》:郑和初名三保,云南人。《郑和家谱·郑和受封立嗣条》:公和奉命三使西洋,历事三主,至宣德六年(1431年),钦封公三保太监。郎瑛《七修类稿》卷十二《三保太监条》今人以为三保太监下西洋,不知郑和旧名三保。又据郑鹤声等编《郑和下西洋资料汇编》上册6～8页《编者按》:"三保"二字,并不是郑和的本名,明朝内官多有叫三保的。如内官三保、杨三保、王三保等,且皆与郑和同时,但世俗相传,因循日久,三保二字已习惯为郑和之专名。如古今杂剧有《奉天命三保下西洋》,直以三保为郑和之代名。

② 上条引《编者按》云:三保二字,又作三宝,王世贞《弇山堂别集》,王士祯《香祖笔记》,周晖《金陵琐事》,三保均作三宝。罗懋登著《三宝太监下西洋》等书,也作三宝。此外,国内外地名物名以三宝命名者甚多,其在长乐则有三宝岩,其在台湾则有三宝薑,其在爪哇则有三宝垄,其在暹罗则有三宝港、三宝庙,其在马六甲则有三宝城、三宝井等。所谓三宝,乃佛家之语,佛家以佛、法、僧为三宝;因佛陀说法而僧保守之,济世度人,故皆为宝。称郑和为三宝,比称三保更有敬意。

上都有三宝井，以茂物市（在爪哇岛西端，雅加达之南）的三宝井最有名。

在荷兰人侵占爪哇之前，有一个华人公馆，即华人公众集会的场所，公馆内供奉着三保大人，说三保大人是华侨之神。

郑和是保护华侨之神的说法，为一般华裔侨民所信奉。其中有一个姓马的华侨，认为郑

明军三宝井汲水

和是马姓人的祖先，特地在西爪哇里汶地方修缮了一口郑和井，而且也修建了一个庙供奉郑和。

在印尼的华人中，流传着许多关于郑和的传说，在这些传说故事中，郑和被大大地神化了。

南洋有一种鱼，名叫"舢板跳"，其脊旁有五个手指印。据当地华人传说，郑和航海时，忽然有一条鱼跳入其船中，郑和抓住这条鱼又扔回海中，有佛家放生之意，可从此在鱼身上留下了指痕，所以鱼有此名。

在新加坡的东南、爪哇的西北，有一个邦加岛，产锡丰富，世界闻名。该岛海边有一块大石，石上面有一凹形，好像一个顶大的脚印。于是，当地华侨们传说，这儿原来

是一片海洋，当年三保公从这里经过，看见这地方好，便站在这石上，使了点法术，顿时从海中长出一个岛来，这便是现在的邦加岛。

还有一则美丽动人的异国情侣的传说和郑和有关。

在印尼的首都雅加达海口地区，有一地方名叫安卒，那儿有一座大伯公庙。所谓伯公庙，犹如国内的土地公庙。客家人称土地公为伯公。令人奇怪的是，要到该庙去烧香磕头的人，前一天都不准吃猪肉和臭豆。臭豆是印尼人煮辣椒菜时最喜欢加进去的一种豆类。不准带猪肉以及臭豆到庙中拜大伯公，这是什么缘故呢？

原来这种禁止带猪肉和臭豆去朝拜的不成文法，其中包含一个故事。

故事发生在三保太监下南洋的时代。那时候，船队驶到当时的雅加达，泊船的码头叫作金星海港，就是现在的安卒。

当时的安卒到处充满沼泽、丛生矮木，只有巴刹（市场）一带才是高地，而每当夜晚到来时，四处村民便都围聚在巴刹那边看当地人表演土风舞，由许多美貌的舞娘随着鼓乐起舞，这也是各族人士唯一解除烦闷的地方。

当郑和的船只在此停泊时，其中一位船上的厨房师傅，大概也是为了解闷消愁，竟然接连几个晚上和大伙儿一同观赏土风舞，并深深地被其中一位美貌的舞娘所吸引，如痴似醉，流连忘返。

有一晚，郑和的船只要在半夜离去，而厨房师傅却因为痴恋那位舞娘，竟把开船时间都忘了，于是船开走了，而厨师却留在安卒这块陌生的土地上。

这一对异国情侣就这样快快活活地度过了他们的一生,并于死后被人崇奉,称作圣墓公。当 1954 年在修建这座大伯公庙时,两人的神位都被安置在庙里。①

---

① 这段传说见陈存仁著《被误读的远行:郑和下西洋与马哥孛罗来华考》148~149 页的"郑和厨师迷恋舞娘"。

第十章
郑和时代的爪哇风俗

郑和船队在爪哇停泊的时候,跟随船队航行的费信上岸采访,将其所见所闻记录如下。

爪哇国,古名阇婆(Juva)国。该国有四部分,都没有城郭,只有村落,其他国的船只来时,先到一处叫作"杜板"(Tuban,今名厨闽)的村庄,再到一处名叫"新村"的(Geresik, Grisse,今名格雷西或锦石)村落,再至一处名为"苏鲁马益"(Surabaya,今名苏腊巴亚或泗水)的村子,最后到一处名为"满者伯夷"(Majapahit,今名惹班 Mojokerto)的大村庄,即当时爪哇国王居住的地方。

王宫也比较简陋,四面以砖为墙,高 3 丈余,周围约300 步,门馆森严,屋高 4 丈,覆地以板,板上有藤花席,人在上面盘膝而坐。

国王的装束:蓬头,戴金花冠,胸部围一条嵌丝佩巾,再用锦绮把腰缠起来,叫作"压腰",腰佩短刀,叫作"不刺头";不穿鞋,赤脚出入,外出骑象或坐牛车。

一般老百姓,男子蓬头,女子椎髻,上穿衣,下佩围巾,男子也是腰佩"不刺头"一把。这种刀从三岁小孩到百岁老翁，不分贫富人人都有。刀柄用金或犀牛角象牙等雕刻成人形鬼面状，制作很精巧。

他们全国不分男女，都很爱惜自己的头部，做买卖时钱物不明要拔刀相斗，喝醉酒一语不和要拔刀相向，你若侵犯了他们的头部，他们也要拔刀报复。

刀子既已拔出，当然就是强者为胜。戳死人的，只要有办法躲过三天不被逮着，就可以不偿命；否则当场被逮着，就难逃被戳死的命运。

这个国家没有所谓鞭笞之刑，事无大小，只有一种刑罚，即用细藤将犯人的两手反绑，拖着走几步，就用"不刺头"在犯人的要害处刺一两刀，犯人就一命归天了。在这个国家，杀戮是常事，人命不值钱。

在这里，中国的铜线可以通行使用。

令郑和、费信等感到惊奇的是，"杜板"这个村庄，有很多广东及漳州人流居于此。

郑和船队离开"杜板"，向西航行，到了"新村"。据当地人说，那儿本是海边滩地，因为中国人移居此地而聚成村落，所以叫"新村"。郑和等见到的该村的村长原来是个广东人。村长说，全村有1000多家，各处番人多到此处买卖，金子等货物，一应番货多有卖者，居民因此都很富有。

船队离开"新村"，继续航行，来到一处港口，水是淡的，原来有一条河在此入海，河流水浅，大船无法进去。郑和、费信等乘小船航行20多里，到达叫作"苏鲁马益"的村落，番人称它为"苏儿把牙"，也有村长，管理番人

1000 多家。郑和等惊奇地发现,其中也有中国人。该港口有一处大洲,林木茂盛,据当地人说,其中有长尾猢狲万余只。

　　船队离开"苏鲁马益",再行 80 里,到达一个叫"漳沽"的埠头。郑和等登岸再往西南行半天,便到达了国王所居住的"满者伯夷"。那儿有番人两三百家,有头目七八人辅佐国王。

　　爪哇一年到头都是夏天,田稻一年三熟。

　　室内坐卧没有床凳,吃东西没有汤匙和筷子。不分男女以嚼槟榔消遣,而且整天不绝于口。要吃饭的时候,先用水漱出口中的槟榔渣,把两手洗干净,然后围坐在一起,用盘子盛满饭,浇上酥油汤汁,以手撮入口中而食。

　　爪哇全国有三种人。一种是西番各国因做生意而流落此地的人,衣食各方面都很雅洁。一种是唐人,都是广东、漳州、泉州等地流寓此地的人,食用各方面也很华美。另一种是当地人,长相怪异,崇信鬼教,这些人吃的东西非常粗恶,如蛇、蚁、虫、蚓之类的东西,他们只要以火烧至微熟便吃。家里养的狗与人用同一个食器吃东西,晚上也睡在一起,根本不以为然。

　　每年照例有"竹枪会",于初春举行。这是一种比武会,由国王主持。两边排列比武的队伍,男子手中的武器是一根实心的竹枪,不加铁刃,但削尖利如刀枪,其妻子也手持三尺棒助战。听鼓声紧慢为号,男子执枪前进一步,与对面的男子互相抵戳,双方的妻子也用棒相斗,交锋三合,就停止。如果有一方竟被竹枪刺死,国王命令获胜者出金钞一筒,作为赔偿,并负责死者的家属的生活,因此,那位刚刚失去丈夫的孀妇就跟着胜者回家。

婚姻之礼,男子先到女方家,成亲五天再迎归家中。男方打铜鼓铜锣,吹椰壳筒,前后以刀盾围绕。女子披发裸体,光着脚,身上围着嵌丝佩巾,佩着金丝饰物,手腕上戴着金银宝镯。邻居亲友以槟榔花草之类的东西,装饰彩船而伴送之。到了男方家里则鸣锣击鼓,饮酒作乐,数日而散。

丧葬方面,如果父母即将死去,做子女的要先问父母死后是犬腹葬还是火葬或是水葬。如果是犬腹葬,就把尸体抬到海边或野外地上,自然会有狗来吃。做子女的在一旁看着,尸肉若被吃光是最好;若没被吃光,子女会在旁悲号哭泣,好像运气不好似的,然后把剩下的尸骨弃入水中而去。

富人及头目等尊贵的人将死时,有的宠妾会先与主人立誓,发誓主人死后愿意同往。到了出殡那一天,用木头架一高塔,下垛柴堆,纵火焚棺,等到火焰盛烈之际,那些立过誓的宠妾两三人则满头戴草花,身披五色花手巾,登上木塔,号哭良久,蹿入火内,同主尸焚化,以为殉葬之礼。

当地也有娱乐活动:每月十五日,月圆清明之夜,就会有妇女二三十人聚集成一队,以其中一个妇女为首,相互间以臂膀相连,在月下漫步而行,合唱番歌。队伍到富贵人家门口时,则赠以铜钱等物。

当时岛上已有文字,也有文法,但没有纸笔,当地人用刀将文字刻在茭章树叶上,语言甚柔美。另外,岛内还有一种文化较高的人,用纸画人物鸟兽鹰虫之类,做成如书卷一样。其盘膝坐在地上,将图画也立于地上,每展出一段图画,就向坐在面前的番人高声解说此段画的来历。众人环坐而听,听后或哭或笑,就像中国的说书一样。

以上都是费信记载在《瀛涯胜览》中的内容。郑和当年到达的就是这样一个国家,其文化落后,但已受到中国文化的影响。

这段文字表明,华侨当时在爪哇已经很有实力了。

南洋各国的华侨是如何产生的呢?

据研究,除去为了通商及国内的经济因素不论(如劳力过剩往外移动)外,在政治方面,唐朝的黄巢之乱是造成华侨集团产生的最初原因。此外,如蒙古人入主中原,宋朝的遗民流入爪哇,也是其中原因之一。郑和时代以后,则又有清兵入关,明朝遗民亡命爪哇及其他地方,以及太平天国败亡,其党徒亡命南洋,等等。

在中国帝王的传统观念中,这些"亡命"海外的,不论是因为政治因素或其他因素,都是天朝的"弃民",绝少有所谓宣慰华侨之举。

由这一点看来,郑和远征舰队的到来,恐怕是有华侨以来,祖国所给予他们的规模最大的一次宣慰行动和精神鼓舞。南洋各国华侨奉郑和为"护侨之神"并将他个人多方神化是有深刻的历史原因的。

今天的爪哇岛,人口近亿,是印尼人口最密集、经济最发达的地区,主要城市有首都雅加达以及万隆、三宝垄、泗水等,泗水是华裔的聚居地。

第十一章
建立满剌加基地

　　上文叙述了郑和船队在爪哇的见闻，我们再回过头来细述首航的过程：郑和船队在爪哇停留一段时日后，从该岛的杜板（或三宝垄）起航，向西北航行八昼夜而达旧港。

　　旧港在苏门答腊岛。苏门答腊岛与爪哇岛几乎相衔接，中间隔着巽他海峡，它是东西交通的要冲。苏门答腊岛的马来语的意思是"福地"，它是马来群岛中仅次于婆罗洲（加里曼丹岛）的大岛。该岛东南部的旧港在南北朝的时候，叫作"干陀利"，唐朝时候叫作"室利佛逝"，明朝也称三佛齐国；今天是苏门答腊岛的巨港，即巴邻旁（Pa-lembang）。

　　这个小国在南北朝的时候就向刘宋朝廷遣使奉贡，宋元时也进贡不绝。明太祖洪武三年（1370 年），派遣外交官诏谕其国，因而遣使来朝，其王受明朝封为三佛齐王。

　　可是后来三佛齐国被邻近的爪哇所灭，爪哇据其国。

　　爪哇虽然灭了三佛齐国，但无法控制其全国，所占领的土地只是三佛齐原有国土的一部分而已，情势十分混乱。华侨和原住民在此地继续贸易,称其为"旧港"。

这时,流寓在此地的华侨,往往起而据地称雄,其中有一位广州南海人梁道明,在三佛齐居住已久,闽、粤一带军民泛海来投靠他的有数千家之多,都推他为首,他因而雄视一方。

因梁道明势力有海霸的性质,向来往船只收税,华侨向明朝朝廷反映。永乐三年(1405 年)正月二十一日,明成祖派遣外交官谭胜受、千户杨信等带领水军前往旧港,招抚梁道明。梁道明受诏回到祖国,明成祖给予他优厚的赏赐。梁道明有一个副手名叫施进卿,梁道明回国后,施进卿顶替了他的位置,成为旧港的侨领,凡在当地贸易的都归他管理。

另外有一个人也是广东人,叫陈祖义,因为在国内犯了罪逃到三佛齐,久了也拥有一批人马,当起头目来。可是陈祖义这个人,恶性不改,当上头目后,带着手下专门抢劫过往客人船只,当起了海盗,而且非常横暴。梁道明走后,陈祖义与施进卿争夺当地的领导权,彼此间存在着尖锐的矛盾。

郑和船队到旧港后,见到施进卿。施进卿向郑和报告陈祖义的凶暴情形。郑和听了报告后,想用成祖招抚梁道明的方式,以和平的方式,派人前往招抚。陈祖义老奸巨猾,表面上诈降。

郑和舰队见旧港情势复杂,不宜用来做根据地,就启程从旧港向西北航行,进入马六甲海峡,航行八昼夜,到达满剌加国。

满剌加（Malacca），今译"马六甲"或"马六甲"，位于马来半岛西南，在吉隆坡与新加坡之间，面临马来半岛与苏门答腊岛间的马六甲海峡。

明朝初年的满剌加，仍是一个相当落后的蛮荒地区。当时名叫五屿，即五个岛屿的意思，没有建立国家，没有国王，由头人掌管，一向受暹罗控制，每年要向暹罗缴纳黄金40两。

永乐元年（1403年）十月，成祖派遣宦官尹庆出使其地，赐以织金文绮、销金帐幔等物，宣示大明帝国的威德，并表示招徕之意。酋长拜里迷苏剌一时受宠若惊，立刻遣使入朝，进贡地方土产。

永乐三年（1405年），成祖封酋长为满剌加国王，于是他身价大涨，变成可以与暹罗王平起平坐的中国藩属。

后来满剌加又遣使对成祖表示，愿意等同于中国的列郡，并请求封其国境的西山为一国之镇（一国的象征）。成祖答应了，命人制作碑文，刻写于山上，文末附以诗，诗曰：

"西南巨海中国通，输天灌地亿载同；大书贞石表尔忠，尔国山河永镇封。"

由于满剌加对明朝有感恩之情，所以郑和船队来到该地，受到上宾接待。郑和见国王如此感恩，必定忠于明朝，不怀二心，就选定该地作为明朝下西洋船队的大型基地。郑和以航海家的高超眼光，发现满剌加将在未来世界海运中发挥十分重要的作用，因为满剌加海峡（今称马六甲海峡）位居马来半岛与苏门答腊岛之间，而且是从南洋到印度洋的交通孔道,好比中国本部与西域之间的河西走廊,地居要冲,具有交通枢纽的地位。

郑和所从事的远航行动,经历30余国,由东海、南海、爪哇海、印度洋、红海及阿拉伯海,至非洲东岸,航程2万海里以上,不但路程极远,而且规模极大(载有2万多人),在15～16世纪,可说无与伦比。如此规模巨大的远航,不能没有基地,尤其在中途适当位置,更需要一个大型基地,因此,郑和在满剌加找到一个适当地点,圈出基地范围,立上坚固的排栅,犹如筑城墙,设置四个更鼓楼,到晚上则提铃巡警。排栅、城墙之内又立重栅如小城,并盖了一座大仓库,各种财货钱粮都储藏在里面。按当时的称呼,这样的基地称"官厂"。

郑和每次下西洋,并不是所有的番邦小国都亲自前往,而是看情形而定,有时也派遣其他官员分别到几个国家去。还有,那么大的船队在海上航行,也不可能所有的行动都能同时进行、同时完成。在这种情形下,满剌加就成为大船队的各分綜船队的会合地点;各种赏赐或番邦所贡方物,则在此地的大仓库"集散"。

再者,番邦的人心不可测,带着重货宝货深入其地,若不是很有谋略的船长,很少有不败事的。现在郑和在满剌加,建立城栅鼓角,设置府藏仓库,储放百物,船只到此,可卸掉各种货物或宝物,然后以空船分使通于各国,要回国之前则来满剌加会合,这是很明智的安排。

中国在满剌加建碑封域,诏封其酋长为王,满剌加之于中国,其实已若宗藩之亲,因此,郑和选择此地为驻泊之所,实在没有后顾之忧,是一项明智的选择。

郑和在满刺加建立好基地后,船队从满刺加出发,沿今天的苏门答腊岛(Sumatra)北岸航行八昼夜,到达该岛北部的苏门答腊国。该国是个很小的国家,国土只限于今苏门答腊岛北端东岸的萨马朗加(Samalanga),离今天印尼国亚齐特区首府班达亚齐(Banda Aceh)不远。

当时的苏门答腊岛叫作小爪哇岛。元朝时候,威尼斯探险家马可·波罗于1293年乘船返国时,就在小爪哇岛上逗留了五个月,等待季候风。据他回忆,当时小爪哇岛上有八个王国,包括苏门答腊国在内。马可·波罗还回忆说,他们为了躲避岛上食人族的攻击,吃尽了苦头。

苏门答腊国虽小,可这里是东南亚前往环印度洋各国的航运中心。有些航海家认为该国是东洋和西洋的分界点,西洋各国的船只,要经过这里进入东洋,所以称该国为"西洋之总路"或"西洋要会"。马欢的《纪行诗》中说:"苏门答腊持中流,海舶番商经此聚。"由此可见其地位的重要。

苏门答腊国于15世纪灭亡之后,它的名字才成为全岛的名称。因此,应该将苏门答腊国和苏门答腊岛严格区分开来,两个名词指的不是同一个地方。

明成祖即位之初,就很重视发展中国与苏门答腊国的友好关系,命使者带着他的即位诏书告知该国;永乐二年(1404年),又派遣副使闻良辅和外交官宁善出使该国,赐其酋长织金文绮、绒棉纱罗等物,意在招徕他;这一年,宦官尹庆出使爪哇,顺道再次前往该国访问,其酋长宰奴里阿必丁便派遣使者随同尹庆来中国进贡当地的土产宝物。

　　明朝初年，南洋群岛诸国中，以爪哇国最为强盛，常常侵扰邻国。洪武末年，爪哇已吞并邻近的三佛齐国（在小爪哇岛的东南），进而就要危及苏门答腊国了。宰奴里阿必丁派遣使者来中国时，向明成祖面陈这一危急的形势。所以明成祖封其酋长为国王，赐以印诰、采币、袭衣。这次郑和一行到达苏门答腊国后，为宰奴里阿必丁正式举行了封王仪式，其情景好似西方的加冕礼，中国和苏门答腊国的友好关系进一步加强了。这么一来，爪哇国就不能不有所顾忌，收敛其吞并苏门答腊国的野心。苏门答腊国为了表示对成祖的感激，当成祖在世的时候每年都向中国朝贡。郑和这次也在苏门答腊国建立了一个小型的后援储备基地。

　　郑和船队结束了对苏门答腊国的访问之后，向正西方航行三昼夜到达南巫里国。该国即今苏门答腊岛西北端亚齐河口南岸的班达亚齐（Banda Aceh），为苏门答腊国的西邻。郑和与官员们带着玺书彩币，对该国进行了抚谕（安抚和传达皇帝成祖的命令）。南巫里是个只有千人的小国，但该国是穆斯林集中的地方，又是东西洋交通的枢纽之地，对明朝发展东西洋海上交通、加强与伊斯兰世界的联系有着重要战略的意义。

　　郑和船队离开南巫里国都城，往西航行半日，就看见南巫里国西北部的一座险峻的滨海的大山，过了这座山，就是辽阔无边的印度洋（当时称西洋）了。凡是西来的船只，看见这座大山，就收帆缓行，认为到达了东洋的陆地。

当年，意大利探险家马可·波罗在乘船回国途中也到过南巫里，还采集了一些苏木的种子，打算带回威尼斯去试种。苏木是一种热带植物，树皮可入药。

第十二章
古里立碑

　　郑和船队离开苏门答腊岛，在印度洋上向西偏北航行，经翠兰屿（尼科巴[Nicobar]群岛），航行 14 昼夜，到达锡兰山国（今斯里兰卡[Sri Lanka]）的别罗里港（在今科伦坡[Colombo]的南边）。郑和船队也把这里作为一个集散地。

　　船队从锡兰山的别罗里向西北航行六昼夜，绕过印度次大陆南端，经过小葛兰（奎隆[Quilon]）、柯枝（科钦[Cochin]），再航行四天到达印度西南部重要港口古里（印度卡利卡特[Calicut]）。这是郑和第一次出使时所到达的最远的港口城市。

　　古里西滨大海，南与柯枝相邻。国内多山，物产不丰，只有胡椒出产较多。但其海路交通方便，西方国家的马匹，东方国家的布匹，其他诸国的珊瑚、珍珠、乳香、木香、金铂等物都到这里来出售，因而是一个重要的商业都会。

　　古里国人分五等：一等是国王的家族；二等是执掌国政的头目；三等是富户；四等是商人；五等是贫民。郑和船队到此,主要和当地的商人做交易。

古里国在当时中国的外交活动中,占有很重要的地位。

永乐元年(1403年)十月,成祖刚登位,即命宦官尹庆奉诏抚谕古里国,赠以彩币。古里国酋长名叫沙米的,他见到中国的使者,十分高兴,随即派遣使臣随尹庆到中国访问,并进贡地方土产。因路程遥远,该使臣于永乐三年(1405年)才到达南京。

明成祖见古里的使者不远万里来访,感到非常高兴,给予盛情的接待,当即表态封沙米的为古里国王,赐印绶及文绮等物。

郑和第一次下西洋,奉成祖之命,事先就确定以古里国为最远的目的地。郑和于永乐三年(1405年)冬才出海,到达古里时已经是永乐五年(1407年)。他会见酋长沙米的,宣读了明成祖所颁发的敕书,并赐给其诰命银印,正式封他为古里国王,对他手下的臣僚也分别赠送了丰厚的礼物。

郑和历尽种种巨风恶浪来到这遥远的海国,心中感触丛生。他想起了东汉的车骑将军窦宪大破匈奴北单于、登燕然山、刻石勒功的事迹,脑海里陡然突发奇想,应在古里建立一座汉语的碑铭,记录中国船队远航的功勋。

这天正好古里国王带着大批回赠的礼物来到郑和船队的扎营停泊处,郑和接过礼物后命令军政司安排筵宴,大宴古里国王,尽欢之后古里国王向郑和告别,说道:

"我听我国老年人说,我这个小国离贵大国有十万余

里,现在二位元帅(指郑和与王景弘)不畏艰险,带领许多
大兵船来我国访问停泊,给我国增添了不少光彩,使我与
我的臣民都感到无限欢欣,深受鼓舞,可二位元帅匆匆
来,又匆匆去,今日在此饯别,不知何日才能相逢,想到这
里,又令我感到惋惜。"

郑和听了,也感慨道:"不知不觉之中,我们就到了离
我国十万余里的地方!"

王景弘也说道:"既然大舰队开到了离祖国十万里以
外的地方,这可是前无古人的事业啊!看来,我们不可不
立碑记下我们的航程,令后人知道。"

郑和听了,觉得王景弘此言,正应对了自己原来的想
法,便立即表态说:"王先生言之有理。"

郑和与王景弘立刻命令身边的官员主持建造一所碑
亭,竖立一道圆顶的石碑。不几天,这项工程就完成了,
左右的官员恭请二位长官题字。

郑和说:"还是请王先生见教罢!"

王景弘说:"还是郑老公公赐教为佳!"因郑和是宦
官,所以称他为公公。

郑和又推辞说:"还是王老先生来吧!"

王景弘无法再推辞,于是命笔作文,写道:"此去中国
十万余程,民物咸若,熙皞同情,永示万世,地平天成。"
(意思是:这个地方离开中国十万多里,但民俗和物产和
中国差不多,当地人待我们如亲人一般,特此建立此碑,
使万世后的子孙也知道此次访问,祝愿这个地方平安无
事,上天能赐福他们,使他们走上成功的道路。)

左右官员立刻将写成的字拿去，刻成碑文。

古里国王忽有所感悟，便启齿请教道："我听说贵国有个甘棠树的故事，我不知其详，请二位赐教。"

王景弘解释说："所谓'甘棠'，是《诗经·召南》的篇名。据说周代的亲王召公本来分封在北方的燕国，但他忠于朝廷，受命出使遥远的南国。当时的南国，指的是长江汉水一带，这些地方比黄河流域开发较迟，农业生产十分粗放。召公在南国除了帮助修明政治外，还亲自下田教导老百姓精耕细作，改良水土，十分辛苦，有时劳动得太累了，就在一棵甘棠树下休息。后来，召公巡视完毕，回自己的封国去了，老百姓因为思念他的德泽，特别爱他休息过的甘棠树，而作成'甘棠'这首诗。"

古里国王听了，拍手笑道："我懂了，今天二位元帅不远万里，光临敝小邦，施德泽于小国人民，等于召公再世、圣人重临，应该立碑记录其事，这碑就是第二棵甘棠树，我国百姓将世世代代、时时刻刻来此瞻仰，永不忘二位的功德。"

郑和道："有中国才有夷狄，中国居内以制外，夷狄居外以事内，你国安享地平天成之福，靠的是我大中华帝国的保护，千万不要忘记中国。"

古里王听了，连连点头称是，挥泪而别。

郑和舰队在古里等印度地区访问时，曾替当地人治病，中医治疗疫病的刮痧法也传到了印度。

第十三章
旧港生擒海盗头目

　　郑和在古里顺利完成成祖交托的使命，就掉转船头启程回国。归途基本按原路，但途经三佛齐国时，遇到一场风波。

　　回程中，船队飘过辽阔的西洋，到达东洋地界，经过苏门答腊国，在满剌加卸货，休整队伍，又取道三佛齐国，前往爪哇，可这时忽报船队中几艘滞后的船只，竟被海盗扣留，强索赎金。

　　这是何方的盗贼，如此大胆，竟敢向天朝的和平远航舰队挑衅？郑和大怒，派人向旧港华人首领施进卿询问。施进卿亲自登船，向郑和报告说："这是陈祖义干的！此人非常残忍强横，凡是过往的船只，都要劫掠一番。"

　　郑和说："上次我本要征讨他，可他伪装清白，假意投诚，我才饶恕了他。今日他吃了豹子胆，竟犯到我头上来了，我立刻派兵将他剿灭。"

　　王景弘说："此人在旧港盘踞了几十年，根基颇深，决非轻而易举可以消灭的。他十分狡猾，神出鬼没，我们在明处,他在暗处,我们一时也找不到他,如果贸然派大兵船前往,打草惊蛇,他早已溜到某个秘密地方躲藏起来了。我们只能暂且不惊动他,按他所要的赎金付了,将船只弄回再说。"

擒获海盗王图

郑和依计,派人付了赎金,弄回了船只,从脱险回归的军士口中弄清了陈祖义匪帮经常出没的地点,然后派出一队船只,伪装成重载的宝货船,似乎货物压得船快要沉下去了,其实里面的压舱货全是石块,由几个武术高明的勇士率领,航向该匪帮常出没的海域。这是一个深机密谋、张网获兽之计。其实,郑和的大兵船已经埋伏在四周,只等陈祖义的匪船驶到,就可一并全歼。

在作为诱饵的船队出发后,郑和赶紧整顿船队,准备出战海寇。据《三宝太监下西洋通俗演义》介绍,郑和麾下的水军的装备、组织和编队情况如下:

"每一艘战船中,有捕盗手十名,舵工十名,瞭望手二十名,操纵舵杆的'锭手'二十名,各种后勤、工匠、辅助人员二十名，甲长五十名。每一名甲长带领兵士十名。每五船为一哨，每二哨为一营。每四营设一指挥官统领，指挥官以上，有都指挥、副元帅、大元帅等。行船作战时，以四艘帅字号船为中军帐，以大船三十二艘为中军营，环绕帐外。以中型船三百艘，分为前后左右四营，环绕中军营；外以战船

战船

四十五艘为前哨，出前营之前；以战船四十五艘为左哨，列于左，人字一撇撇开去，如鸟舒左翼。又以战船四十五艘为右哨，列于右，人字一捺捺开去，如鸟舒右翼。又以战船四十五艘为后哨留后，分为二队，如燕尾形。昼行认旗舰，夜行认灯笼，务必前后相维系，左右相挽结，不致疏虞。敢有故纵，违误军情，因而败事者，即时斩首示众。"

以上所记，或有夸大，不可尽信，但郑和的水师编队严谨，海战中便于指挥，能攻能守，机动灵活，在大规模的海战中，立于不败之地，却是可以相信的。

陈祖义匪帮果然中计，径直蹿出来抢掠作为诱饵的小船队，万不料埋伏的郑和主力舰队突然出现，双方对阵，

陈祖义的船队都是乌合之众,怎能敌组织严密的郑和大船队!一场恶战下来,官军杀贼党5000余人,烧毁贼船10艘,捕获其7艘,生擒陈祖义等贼首3人,缴获铜制伪印2个,一举歼灭了这支海盗船队。

郑和第一次下西洋就进行了这次在海上杀贼五千的不小的战役。他的获胜,一方面肃清了海道,为以后数次出使打下了基础;另一方面威服南洋诸邦,收到相当大的效果。

永乐五年(1407年)九月,郑和第一次下西洋胜利回国,他将陈祖义等押解到南京,作为俘虏献于朝廷,请皇帝处置。明成祖下令处斩,陈祖义等于是伏诛。

旧港华人领袖施进卿的女婿丘彦诚也乘坐郑和的船只到达京师,于九月初八日上殿朝贡,成祖大喜,下令在旧港设立宣慰使司,不从朝廷派员任宣慰使,直接委任施进卿担任此要职。这固然由于他本来就是旧港酋长,在当地有一定的威望,另一方面,他揭露陈祖义有功也是一个原因。

成祖当即赐予施进卿印诰、冠带、文绮纱罗,令其女婿带回。所谓"宣慰使司",按明朝制度是专用来治理边疆少数民族的官府,设宣慰使1人、同知1人、副使1人、佥事1人、经历司经历1人、都事1人。主官宣慰使采取世袭制。

本来宣慰使司都设在西南边地,旧港宣慰使司的设立,不仅是海外的第一个宣慰使司,而且也是中国在海外设立官署之始。旧港与明朝政府的关系又进了一层,不再只是"进贡的番邦",而是成为中国的海外属地。

第十四章
促成渤泥国王来华访问

郑和回国之后,马上进行第二次远航的准备。永乐五年(1407年)冬,当朔风刮起的时候,他的远航船队又出发了。这次远航的目的,是护送那些随他的船只来到中国进贡的外国使节回国,顺便再做第二次访问,所以郑和第二次航海的去程与第一次完全相同。永乐七年(1409年)回程则访问了暹罗(泰国[Thailand])和真腊(柬埔寨[Cambodia])两国。

郑和第二次出使,除了占城、爪哇、满剌加、南巫里、古里、柯枝、暹罗等国外,还对加异勒、甘巴里、阿拨把丹、小葛兰等国进行了访问。

加异勒,在今印度半岛南端东岸。

甘巴里,即印度南端的科摩林角(Cape Comorin),与小葛兰邻近,《明史》称甘巴里,为一较低的沙角,上有白色佛塔,离岸7000米处有高峰高369米。在岬角附近,现在设有白色方形的灯塔。

阿拨把丹，印度沿岸，其地理位置当在甘巴里的东北，离小葛兰不远。

小葛兰，或称"固兰"，即今印度南部喀拉拉邦较大的港口奎隆（Quilon）。

在此时期中，除对各国例行宣诏赏赐抚谕外，值得记载的大事还有渤泥（也写作"浡泥"）国王来华访问、布施金银供器等于锡兰山寺等几项。

首先说渤泥国王来华访问。上文提到，据外国文献《远东史》，郑和船队第一次航行到占城之前，先抵达今菲律宾的吕宋岛，又到马尼剌、苏禄、渤泥等地。据研究，这种说法是可靠的。郑和封前渤泥国王马合漠的世子麻那惹加那为渤泥国王，赐予印符诰命。永乐六年（1408年），国王率领他的妃子、兄弟以及弟妃、陪臣等150多人跟随郑和的一支分艨船队到中国来进贡。他们在福州港下船，成祖皇帝给予他们极高的礼遇，在他们前往首都的路上所经过的郡县都设宴款待。到达之后，渤泥国王呈上金缕表文，献上自己的贡物：龙脑、帽顶、腰带、片脑、鹤顶、玳瑁、犀角、龟筒、金银八宝器等地方特产，而他的妃子也向皇后献上了珍贵的宝物。明成祖朱棣对他不远千里涉海而来再三给予嘉勉和慰劳。

渤泥国王十分感激地说："陛下统一华夷，臣的国家远在海岛，荷蒙大恩，赐以封爵。从此以后，臣的国家风调雨顺，五谷丰登，草木鸟兽，都繁衍得很快，这些都是陛下的大恩大德所带来的。所以我立志要亲自来中国，亲眼见到陛下的龙颜，向陛下表白我些微的诚意。"

　　麻那惹加那是明代第一位来中国访问的海外国家的国王。他来到中国,不仅受到永乐皇帝的接见,也会见了明朝统治阶级的上层人物,进行了广泛的外事活动;明朝政府不仅为此制定了相应的礼仪,在各种用品供应方面也做了周到的布置。渤泥国贵宾在中国生活期间,享用豪华的仪仗及宫廷所用的贵重的生活用品,居住在招待外宾的会同馆;明朝政府经常设宴招待他们,安排他们参加各种娱乐活动。

　　同年十月,麻那惹加那不幸在会同馆病逝,临终前深感明朝恩惠,遗言"身体和魂魄都要安葬在中华",表达了对中国的深切眷恋之情。明成祖朱棣痛悼麻那惹加那的不幸逝世,为之罢朝三日,送的祭品十分丰厚,谥为"恭顺",遵照麻那惹加那的遗愿以王礼葬于南京城外石子岗,指令几户人世代为之守墓,又为陵墓树碑建祠。

　　成祖又指令麻那惹加那的儿子遐旺承袭渤泥国王位,派遣官员护送遐旺回国。在遐旺一行离开中国的那天,明成祖朱棣亲自设宴为遐旺饯行,赠送黄金 100 两、白银 3000 两,并封该国后山为镇国山。

　　地处南京市雨花台区石子岗的渤泥国王墓,直到1958 年才被重新发现。墓在南京市郊,东西相对,由南而北有石马、石文臣、石羊、石虎、石武将各一对,基本保存完整,碑文中"渤泥国王去中国"等字样清晰可见。1981年,江苏省人民政府公布渤泥国王墓为省级文物保护单位。2001 年,渤泥国王墓被定为全国重点文物保护单位。

第十五章
锡兰山寺院布施

　　再说布施金银供器等于锡兰山寺的事。郑和第一、二次出海都到过锡兰山，特别是第二次登岸访问，还在锡兰山做了佛教布施等法事。他为什么要特意在此地做佛事呢？当然，他本身皈依佛教，是个虔诚的佛教徒，这是一方面原因；另一方面，也是由于锡兰是个佛教色彩极浓厚的国家。

　　锡兰岛今称斯里兰卡。郑和时代称锡兰山国，因这个国家的百姓十分秀美，喜欢裸体，又称"裸形国"。我国的古书经常称锡兰为"狮子国"。为什么称狮子国呢？据玄奘的《大唐西域记》记载，在很早以前，有一个南印度女子在结婚迎亲途中，被一头雄狮子背到深山中为妻，后来生下一男一女，均为人形，但性情凶暴如猛兽。男孩长大后得知自己的来历后，即乘隙率领母亲和妹妹逃出深山，居住在他已死的外公的村子里。雄狮失去妻子，愤怒得出山骚扰过路行旅。国王不得已悬赏征求勇士，欲加以射杀。男孩认为这个大灾难都因他们母子而起，就毅然应征。雄狮见亲子来,很快被软化,男孩乘机以暗藏的利刃刺杀之,雄狮在面露慈颜中死去。国王问男孩何以雄狮会变得如此温驯,男孩被一再逼问之下只得和盘托出,国王重承诺,答应给他重赏,但又认为只有他这种带兽性的人才下得了那种狠心,于是下令以两艘满载粮食和黄金的船送他和妹妹出海,任其漂流自生自灭。这男孩一路漂流到锡兰岛就下船定居,后来劫得前来岛上寻宝的商船上的妇女,经无数代繁衍而成狮子国。他妹妹则漂流到波斯湾,与魔鬼生下不少女孩而成一个女儿国。

玄奘的《大唐西域记》还说,古代佛教的开山鼻祖释迦牟尼化身为僧伽罗来到锡兰岛,因德行高尚,该地人民推举他为国王,所以锡兰岛又称僧伽罗国;又说释迦牟尼使用巨大无边的神力,攻破了邪教教主盘踞的大铁城,消灭了为害一方的罗刹女,拯救了民众,使其摆脱危难,还建筑都城和其他城邑,开化百姓,宣传正教。佛祖圆寂后,留下他的牙齿,供百姓敬奉,百姓为之建造了佛牙宝塔。①

郑和在锡兰山国布施的时间是 1409 年,可 773 年以前也就是 636 年,唐朝高僧玄奘曾走到印度的东南海岸,听说那儿有一座名叫折利呾罗的城邑,是往来商旅聚集之地,从那儿往南到僧伽罗国有两万里海路;每到夜静无云时,远远望去,依稀能看到僧伽罗国那高大的佛牙宝塔

---

① 据新资料,锡兰岛佛教的最早传教者是阿育王之子摩哂陀长老,当时狮子国正值天爱帝须王执政。(见日月洲著《向西,灵魂跟着脚步》,九州出版社,2014 年)

在灼灼发光,好似夜空中一颗闪烁的星星。这当然是不可能,不过,由此可见当时的印度人把锡兰岛看作一个令人向往的地方。

玄奘当年也曾走到达罗毗荼国的都城建志补罗城(今印度泰米尔纳德邦之马德拉斯西南),那里是通往僧迦罗国(锡兰)的海港,由此往僧迦罗国只要三天的航程即可到达。

正当玄奘准备由建志补罗城搭船前往僧迦罗国的时候,港口却一片纷乱,原来有一支300多个僧迦罗国的僧侣所组成的队伍来到建志补罗城。经询问才知道,僧迦罗国王驾崩而发生内乱,全国因而发生饥荒,僧侣们无处安身,所以逃来印度避乱。

玄奘向为首的僧迦罗国高僧接连问了四五个佛教问题,但是其回答令他十分失望,他感到其中一点新意也没有,因此玄奘决定取消僧伽罗国之行而向西印度出发。

玄奘之所以没有去锡兰,还有一个原因:当时印度的佛教虽然有衰落迹象,但还相当繁荣,而锡兰的佛教却只是印度佛教的分支,所以不必去那儿。

玄奘游历了五印度各国,唯独锡兰没有去成。时光过去了几百年后,著名的大旅行家、东方文明的发现者马可·波罗踏上了锡兰岛的土地,他瞻仰岛上的佛教胜迹,受到深深的震撼。

马可·波罗从小就听人说,锡兰是个充满巫师、小神仙和神话中的怪兽的国度,因此,他十分向往这个国家,很想前往一游。他大约于1279年如愿以偿,访问了锡兰岛,比郑和的访问要早 130 年左右。

在马可·波罗的时代,印度的佛教已经衰落,为婆罗门教所取代,而锡兰岛上的佛教事业则继续繁荣、一枝独秀。

马可·波罗说,锡兰岛上有一座很高的山,山上有一处墓地。据佛教徒说,墓中所埋的是佛教的奠基人释迦牟尼(佛陀)的尸体;山上有巨人足迹,佛教徒说是佛祖的足迹。

马可·波罗还听说,佛陀原是锡兰岛国君主的儿子,不染世俗浮华风习,不欲袭位为王。有一天,王子骑马出游,见一死人。他从未见过死亡现象,心中十分诧异,询问侍从,才知道所见者是死人。王子就问道:每个人都会死吗?凡被问到者都给以肯定的答复。王子就不再问,低头沉思,继续前行,走了一段路后,见一老人,口中牙齿尽落,不能举步。王子又问道,这是什么人?为何不能走路?侍者回答说,这人老朽齿落,不能行走。王子回宫后,沉思默想,觉得这个世界有生、老、病、死四大痛苦,太可恶了,不能在这样的俗世再居留下去,应当寻求永远不死的造化。

于是,他于某夜秘密出宫,来到这座高山上,在山中保持着独身生活和严格的禁欲主义,了结了他的尘世生涯。

他死后,有人在山上发现了他的尸首,便将其尸运往他父亲的宫中。国王见其爱子之尸,悲恸几至疯狂,叫人用黄金和宝石建造了一个跟他儿子相貌相似的塑像,令全岛所有居民都尊奉为神明。这就是那个国家崇拜佛教的起源，释迦牟尼（佛陀）至今还仍然被人认为是至高无上的人。

马可·波罗还说，在这高山上的圣殿里，还保存着佛祖的两颗牙齿、一绺头发和佛祖用过的绿色云斑石琢成的化缘碗。

玄奘的《大唐西域记》上也提到了佛牙："王宫侧有佛牙精舍，饰以众宝，晖光赫奕，累世相承，敬礼不衰。"这所供奉着佛牙的佛寺精舍，受到世界各地佛教徒的参拜，他们来到这所精舍中，瞻仰佛牙，"凡有祷襀，应答如响，国有凶荒灾异，精意恳祈，灵祥随至"。

而《大唐西域记》记载，佛祖释迦牟尼诞生在今尼泊尔的派勒瓦地区，旧称"迦毗罗城"，玄奘到这里的时候，已经是一片荒芜的地方了。当年释迦牟尼的父亲净饭王为迦毗罗城的城主。佛祖的俗名叫悉达多，姓乔达摩，释迦牟尼是佛教徒对他的尊称，意为释迦族的圣人。关于释迦牟尼的生卒年月，一般认为是公元前565年至公元前486年，他比孔子早14年出生。

为什么说释迦牟尼出生在锡兰呢？这件事具有象征意义。在马可·波罗的时代，印度人已经不再相信佛教，而锡兰人却加以供奉。锡兰当时取代了印度，成了世界佛教的圣地，郑和到印度的古里，已见不到佛教的流传，唯独在锡兰佛教仍繁荣如昔，因此，锡兰的佛教徒认为只有该岛才是佛祖的真正诞生地，这是理所当然的事。

郑和七下西洋，在其他地方已找不到像样的佛寺，唯独在锡兰找到了，他自然要进行布施，祈求佛祖庇佑，确保航海平安。第一次出航路过锡兰时,他已经布施礼拜了一番。第二次出航,他向锡兰山佛寺所布施的礼品之多,不仅是第一次不能与之相比,而且还建立了石碑以记其事。这块石碑名为"布施锡兰山佛寺碑",刊立时间为永乐七年(1409 年)二月初一日(阴历)。该石碑于清宣统三年(1911 年)在锡兰岛被发现,现存锡兰(斯里兰卡)博物院中。碑文用三种文字刊刻,最上为汉文,下为塔米尔文(Tamil)及波斯文。

在碑文中,郑和首先颂扬佛祖说:"仰惟慈尊,圆明广大,道臻玄妙,法济群伦,历劫沙河,悉归弘化,能仁慧力,妙应无方。"

他又称赞锡兰为佛教圣地:"言言梵刹(高大的庙宇的意思),灵盛翕彰。"

碑文载:"总计(郑和)布施锡兰山立佛立寺供养金一千钱,银五千钱,各色绫丝五十匹,织金宝幡四对(红二对,黄一对,青一对)。古铜香炉五个,戗金(器物上嵌金的花纹)座全古铜花瓶五对,金座全黄铜烛台五对,戗金全座黄铜灯盏五个,戗金座全朱红漆金香盒五个,金莲花五对,香油弍千五百斤,蜡烛一十对,檀香一十炷。"

郑和对锡兰山佛寺布施丰厚的香礼,增进了中锡两国人民的友谊,同时也向各方显示了中国的富有,无形中扩大了中国在海外的影响。郑和船队在锡兰期间,船上的医生常给当地人治病,还将治疗疫病的刮痧法传入了该地。

第十六章
开发暹罗

锡兰山佛寺布施活动增强了郑和的佛教信仰,提振了他的佛教徒的热忱,二次西航返程中他特地访问了东南亚的佛国——暹罗。

暹罗,即今泰国,据说古时候分为"暹国"与"罗斛"两国,后来合而为一,所以叫"暹罗";因盛产大象,所以又称"白象国";又因为是佛教国,人民多穿黄衣,故又称"黄袍国"。元朝时暹罗经常向中国朝贡,历来为中国藩属,独立后为专制王国;1932年发生革命,改为君主立宪。

郑和的莅临,在暹罗王室留下很长远的影响,据说直到现在,泰国王宫仍保留了明朝时代的中国遗迹,泰国国王出巡的仪仗,也还有明朝的式样。

曾经有一幅画,描写郑和登陆泰国的情形,泰国国王父子骑一头大象作为先导,郑和则坐在一个由八名役夫所抬的轿子上,头上有罗伞张盖。在暹罗王与郑和之间,有主要随员费信骑马前行,郑和后面也有若干随员,欢迎的场面相当隆重。

泰国国王迎接郑和队伍图

郑和在暹罗造福一方,除了凿井外,还协助暹罗人民开发当地的天然资源。

当时的暹罗,人口还十分稀少,到处可见原始森林,郑和立刻想到:出使舰队的船舵,长年累月浸在海水中,很容易损坏,何不在此地寻找较坚硬的木材来制造新舵?

于是他命人到森林中探查寻找,结果他们找到一种红中带紫、重量特重、质地坚硬异常的木材。这种木材,在我国被称为"红木",一般用来做各种家具,产于云南,颇珍贵,又称作"紫檀木"。

郑和命人率领士卒伐木,利用暹罗的象群运出森林,抛入河中,顺流而下。

在泰国伐木

英国学者汤恩比（Arnold Toynbee）所著《世界的一半》（*Half the World*）一书中，附有一张"郑和士卒伐木图"。图中郑和由一群人簇拥着坐在一边，有三组士卒正在伐木，其中两组所伐的树即将砍断，另一组的树木则已倒在地上正在整治，大概是把枝叶除去，另外有四个人跪在郑和面前，大约是在请示什么事情。

另一位英国学者李约瑟的巨著《中国的科学与文明》也附有一张绘制的宝船船舵图。

郑和在暹罗，与国王商定，以每百根木材为单位，由大明支付黄金给暹罗，使暹罗获得了一笔巨大的财富，这些黄金也让崇尚佛教的暹罗出现了更多的真金巨佛，建筑物也多出很多的金箔装饰。

郑和除了用这些红木制造宝船之外，也运回中国供应国内的需要。

暹罗的自然资源中，还有一种当时暹罗人尚不知晓其用途的，这就是该国盛产的象牙。郑和把象牙用低价买下运回国内，请一些技术精湛的工匠雕刻成各种艺术珍品，再高价卖给国内外的富豪，从此暹罗人才知道象牙的妙用。

另外，属于海洋方面的资源，郑和也为他们开发了一样东西。原

郑和在暹罗

来暹罗人所用的食盐来自山中的岩盐。这种盐有三个缺点：第一，岩盐在山中，探查、开采和运输都较麻烦；第二，既是矿产，挖久了也会挖光，必须时常寻找新的来源；第三，据说这种盐缺少碘质，长期食用很容易患甲状腺肿大。

若改用与岩盐相对的海盐，就不会有以上三个缺点，只是制造过程相当麻烦。暹罗有相当长的海岸线，却因不知如何制海盐而放着取之不尽、用之不竭的丰富资源

不利用。郑和到暹罗后与国王约定,由郑和手下的专家
代为制造海盐,条件是每当出使的舰队来到暹罗时,必须
负责供应舰队所需的食盐。

暹罗国王对如此优惠的条件,当然全盘接受。

郑和这次特访暹罗,还有追捕中国逃犯的使命。中国
奸人何八观等在国内犯了罪,为了逃避刑罚逃往国外,占
据海岛,成为一股反对明朝政府的势力。郑和下西洋,本
来就负有肃清南海岛屿上与明朝为敌的反抗力量的使
命,何八观等也属于被清除的对象。因郑和的武装舰队
巡视南海,何八观等在海岛站不住脚便又逃入暹罗。郑
和便进入暹罗国交涉,要求暹罗王将这些逃犯遣回中国。
暹罗王答应遣返,但拖延不办。永乐八年(1410年),郑和
第三次出使时,再次亲自入暹罗国交涉,终于将事情解
决。暹罗在该年派使者向中国进贡,同时遣送何八观等
人回国。

第十七章
在暹罗的遗迹

由于郑和对暹罗的贡献,暹罗人为他立的庙很多。郑和去世100多年后,明神宗万历年间的举人张燮,在其所著《东西洋考》中已经提到暹罗有郑和庙。清初修成的《明史》"暹罗传"中也说:"其国有三宝庙,祀中官郑和。"

郑和庙

据说郑和庙虽有多处,但正庙只有两座:一在旧都大城府，一在新都曼谷。旧都大城府在曼谷之北不远，是湄南河、巴塞河等三大河的交接处，曾经繁荣几百年，是大米中心产区，名胜古迹很多，郑和庙就是其中的一个。

曼谷还有一处郑王庙，奉祀的不是郑和，而是为纪念泰国历史上最著名的华人郑昭而建。郑和的庙就在郑王庙后面，还有"三宝禅寺"，是华侨为纪念郑和而建造的。随着时间的流逝，这些纪念物已日渐凋零或改作其他用途。

不过，近年还有人在曼谷看到一座郑和庙（或叫三保公庙），庙中的郑和卧像雕刻极为精细，卧像旁另有一个女身坐像，旁边有类似铜炮的东西及桌椅、香炉等。

泰国三保公庙

依佛教的习惯,卧佛是指释迦牟尼的涅槃像,那是一个最高的境界。因此,暹罗把郑和像做成卧姿,实际上带有最崇高的敬意。由此可见郑和在暹罗人心目中的地位。

据郑和的随从马欢的著作《瀛涯胜览》载,暹罗国从国王到平民,不论什么身份,当男子到某一年龄时,就必须入寺院削发为僧,女性也要当尼姑。暹罗的女权似乎凌驾于男人之上,在家庭中,女人是一家之主,而妻子的能力也往往比丈夫强。当然这种现象,如今早已不存在。

清朝康熙年间的陈伦炯,在他所写的《南洋纪》中说,暹罗人生病的时候,总是向郑和求药,郑和无法普遍济施,就投药于溪中,令来求药的人水浴。至今暹罗人和华人都把在溪中洗浴和淋浴当作治病之法。

当代的陈存仁先生写他游历泰国的见闻也有如下记述:

"最有趣的就是沿河人家,多跳入河内沐浴,男的如此,女的也是如此。更有许多年轻妇女,袒胸露背,也在河中洗澡,旅游的各国人士,都认为是奇观。"

另有杨文瑛写的《暹罗杂记》说,南洋所称的"三保公"就是明成祖皇帝的宦官郑和。华人和暹罗人都崇拜他,但因为实在是崇拜得太深了,衣食住行、生儿育女等事无大小都归结到三保公的身上。暹罗有一些奇怪的风俗,如孕妇分娩后,必须赤身躺在板上,要烘火数日,口渴时让她饮冷盐水,即使是大热天也一样,听说不这样就会产后多病痛,而且在烘火当中,最忌讳人问"热不热""苦不苦"。

　　小孩出生后,每天要浸冷水数次,而且要浸到脸色发白、嘴唇发青才可以抱起来;还有,妇人抱小孩睡,口中必念一种不堪入耳的催眠曲。

　　当你问她们这样做都是为什么时,她们会告诉你,这些都是三保公所教的。

　　每年的九、十月,暹罗的江河都涨水,水味清淡,人们多用水缸贮藏起来,以备水变咸的时候饮用。而且据说以十月十五日的水为最佳,人们称这一天为"圣日",都说这一天三保公必定会在江河中下药,在这天贮的水可以久藏不坏。关于这一点,暹罗人尤其相信,到十五日的晚上,家家都在汲水。

　　陈存仁先生在自己的书中也提到这件事:

　　"我也到过三次水上市场,见到沿河好多人家,都有三个大缸,或十多个大缸,放在河边、门口,作为储藏食水之用。但见这种缸,既不是瓦缸,也不是瓷缸,而是用一种黄土制成,加上少许釉质,其色黄中带黑。有一次是我的门生(泰国人)陪我去的,他说这种水缸叫郑和缸,是郑和传授当地人民造制的。至今暹罗也产瓷器,但是暹罗一般人民,还是要用郑和缸,因为郑和已经神化了,说用郑和缸贮水,水质格外清冽,饮了是不会生病的。"①

　　据史籍记载,郑和除第二次下西洋返航时访问暹罗

---

① 见陈存仁著《被误读的远行:郑和下西洋与马哥孛罗来华考》,广西师范大学出版社,2008 年,100 页。

外,第三次航海也特地访问了暹罗,第七次下西洋时,则派遣随员分兵前往,他自己没有去。郑和在暹罗留下了如此深刻的影响,为暹罗人敬奉和虔信,其原因是郑和确实为当地人做了好事。一个人,只要为社会作出一点点贡献,后人就永远不会忘记他。

第十八章
大战锡兰山国

　　郑和第二次西航返回的时间大约是永乐七年（1409年）夏末，回国后立即准备第三次西航。他第三次下西洋受命动身的时间是永乐七年（1409年）秋，十二月才出海。

　　郑和第三次下西洋的原因主要是解决锡兰山国王对他侮慢无礼和拦劫过往客商的问题。

　　锡兰山一带是郑和远航西方各国的要道，地理位置十分重要，郑和本打算在锡兰山设置继续西航的中转站，但锡兰山国王的蛮横态度使他很伤脑筋，感到很难办。

　　早在第一次下西洋时，就有不少番国向郑和诉苦，说锡兰山王常常拦阻、抢劫各国的贡使和商船，各国深以为苦，因此，郑和首次会见锡兰山国王阿烈苦奈儿时，就谴责他劫掠各国商船的恶行，同时批评他崇拜和奉祀邪教、不遵循佛法、为人暴虐凶悖、不关心人民的疾苦、污辱佛牙等过错，规劝他改邪归正，不要干扰各国的海洋运输，同时远离邪教，崇敬佛教。

　　可是事与愿违，郑和的劝告非但没有奏效，反而引起了风波：阿烈苦奈儿国王大怒，强词夺理地反驳郑和说，他是当地的主人，郑和是过路商客，岂有客商恶言恶语、冒犯主人的道理。他示意左右，似乎有加害郑和之意。郑和知道他设有伏兵，便匆匆告辞，上船离开了该国。

郑和第二次西航到达锡兰山时，抱着和平解决问题的愿望，布施了大量财物给锡兰山的寺院，举行了盛大的仪式，营造和平气氛，想以此感化国王。但是，阿烈苦奈儿的态度依然故我，目中无人，根本不把郑和的和解活动当作一回事。

郑和返航时，心中总有一块石头放不下，觉得锡兰山的问题不解决，是难以打通往远方的西洋夷国的道路的。于是，回国后他立即向成祖汇报了这一非常情况。成祖命令他立即"再往锡兰山"，将解决锡兰问题作为第三次下西洋的主要目的。

成祖特地为此事做了政治上的安排，授给郑和敕谕海外诸国的诏书。在诏书中，成祖以宗主国的口吻，教训海外各国国王说："你们必须顺从天道，恪守我定的国际规范，遵循公理，各自安分，不得越权，不可欺凌弱小国家。"显然，这些话主要是针对锡兰山国王的。

郑和的船队于永乐七年（1409 年）十二月出海，在正式访问锡兰山之前，访问了占城、爪哇、满剌加、苏门答腊、亚鲁、加异勒、阿拨把丹、小葛兰、南巫里、甘巴里、古里、柯枝、暹罗等国（或郑和亲自前往，或遣分舰队前往）。这些国家的国王都十分恭敬地接受了成祖的诏书，热情接待郑和船队。最为虔诚的是占城的国王。船队到达占城时,年轻的占城国王占巴的剌,头戴三山金花冠,手腕腿腕都戴着金镯,足穿玳瑁鞋,骑着大象,带着500名番兵,热烈欢迎郑和的莅临。这些士兵有的拿着短枪,有的舞着手中的盾牌,有的捶着鼓,有的吹着椰笛,欢迎仪式十分隆重而又别具一格。

郑和从宝船上率领五百名官兵下船登陆,代表明成祖宣读诏书,同时对占城国王及其臣下进行赏赐。占城国王下象,膝行蒲伏以迎接。

国王之所以用这种最敬礼迎接郑和,是因为永乐四年(1406年)明朝曾经出兵帮助占城国收复被安南侵占之地,占城一直对中国抱有感激之情。

国王把国内出产的象牙、犀角、香料等特产贡献给明朝廷。他对中国的感激和拥戴之情,表现得无以复加。

但抵达锡兰山时,船队却受到完全不同的接待。郑和照例对其国王阿烈苦奈儿进行赏赐,宣读诏书,告诫他不要欺凌弱小国家。但阿烈苦奈儿心怀鬼胎,不把诏书放在眼里,认为略施小计就可以劫得船上宝物。他主动邀请郑和进入王城宴饮,郑和本着和平外交的原则,想借此机会再度劝他改邪归正便答应了,但他不是单刀赴会,而是带领两千名士兵一同登陆,以防不测,其余部队则留在船上。

国王依计行事,将郑和等请入王宫,由其子纳颜出面,向郑和索取金银宝物。郑和理直气壮地回答说:"我天朝虽然富庶,但金银宝物也不能白给,上次我捐了不少金银给贵邦的寺院,这次对你的父王也赏赐不少。你们应该知足了。"

纳颜威胁说:"凡是经过锡兰山的船队,都应缴纳所载货物的十分之一,不然我们就扣留整个船队。"

郑和发觉情况有变,对方在敲诈勒索了。于是一声哨响,带来的两千名士兵迅速集合,郑和下令火速回船,但回路已经被许多堆积如山的树木阻断,回不去了。

郑和上次在此地敬献财物给寺院时,结交了一些本地居民。一位当地朋友跑来告诉郑和说,当郑和在宫中和纳颜谈判时,国王已暗地派番兵五万余攻击停泊在海上的舰队,同时命人伐木据险,断绝郑和归路,使明朝的舰队脱离郑和的掌握,无法互相支援,以便一网打尽,夺取全部船只和财物。

郑和急中生智,当机立断,他十分冷静地对部下说:"贼军倾巢出动,国都内部十分空虚。按他们的想法,认为我们孤军陷在此地,好像落入陷阱的猛兽,必然既孤立,又害怕,不能有所作为。我们偏偏要出其不意,攻其不备,立刻攻打王城,必定可以完全扭转局势,取得最后胜利。"

于是,他令人挖地道,突破障碍,潜回舰队,传达郑和手令,要求舰上官兵都服从王景弘的指挥,不必畏惧,死命抵抗;然后亲自率领手下两千余人从僻径小路,衔枚疾走,攻其王城。

这在兵法上叫作"攻其所必救"。锡兰山王原以为将郑和困住,郑和舰队船上不到两万人,群龙无首,在五万番兵的攻击下,必定瓦解,夺取船上财宝易如囊中取物。

没想到郑和非但没被困死，反而掉转头来攻击敌人的老巢了。

当他发现郑和的军队已经到了王城之下时，赶紧派人去调回自己的五万大军，但回路已事先阻断，军队回不来，真是作茧自缚。

不久城池陷落，国王和他的家属都成为郑和的俘虏，真正和自己的部队断了线。

在海上与郑和舰队激战的锡兰军队听说王城陷落、国王被俘后，士气急剧下降，慌作一团，只好丢下大明舰队，让到口的肥肉飞走，回头围攻自己的王城，但因自家的国王和高官都在城内，又不敢猛攻。围了六天，城池也没攻下来，背后又遭到大明舰上的军队的夹击，攻城军腹背受敌，在战斗中连连惨败，溃不成军。

擒获锡兰王图

一天凌晨，郑和下令打开城门，取道回船队，一面和残余的敌军作战且战且行。因其国王、王后以及锡兰的高级官员等都在郑和的掌握中，敌人残军不敢大力阻击。傍晚时分，郑和押着锡兰山国王、王后以及其他高官上船，启程离开了锡兰山国。

郑和带着战俘——锡兰国王及其妻子、头目等，于永乐九年（1411年）回京，交由朝廷处置。

朝臣听了郑和的陈述之后，多主张将阿烈苦奈儿处死。

明成祖以一个超级强国的国君的气度，同情阿烈苦奈儿的愚昧无知，说："蛮夷禽兽耳，不足杀！"意思是说他还不够资格让大明皇帝下令杀他！

于是，他将锡兰王阿烈苦奈儿释放，并供给衣食，另外命礼部商议择定锡兰国内的贤者立为王，以承国祀。这时与阿烈苦奈儿同样被俘而来的锡兰官员等，推举了一位名叫"耶巴乃那"的贵族，认为他可以继承王位。

这个推举获得了大明朝廷的采纳，成祖于次年派使者带着诏命前往锡兰宣布封新王，阿烈苦奈儿也同时被遣送回国。

从此锡兰山国对大明颇为恭顺。

永乐十四年（1416年），锡兰山国遣使和占城、爪哇等国的使者一起来京城进贡宝马、犀牛、大象等物产。

宣德五年（1430年），郑和奉命以锦绮纱罗绫绢等物，往赐各国国王，锡兰山王也获得一份。

宣德八年（1433年），锡兰山又入贡，明宣宗照例给赏赐，并下令凡使臣以下自行进贡之物，一律照价付款，等于是做买卖。

这次中国方面以郑和为主角的锡兰山王废立事件，郑和以27000多名远征军，大败两倍兵力的锡兰军，使大明帝国威震印度洋。

第十九章
支持满剌加独立发展

郑和第三次下西洋,还有调解暹罗和满剌加关系的使命。上文说过,郑和初次下西洋,就选定满剌加为基地,同时封满剌加的酋长为国王,使其脱离暹罗独立,成为中国的藩属。

但暹罗无视中国对满剌加的封赐,仍把它当成自己的属地,规定它每年仍要向暹罗纳贡。满剌加不听从,暹罗就进行武装干涉,发兵夺取其珍藏的明朝政府赐予的印诰,并阻挠其向中国进贡的船只。满剌加十分恐惧,派人向中国求援。

郑和二航返航时,特地到暹罗访问,就有警告暹罗之意,暹罗王赶紧表示谢罪。第三次西航,郑和特意在暹罗和满剌加两国间进行调解。他再次警告暹罗,告诫其不得再对满剌加肆行欺凌,暹罗王再次表示谢罪。同时,郑和为满剌加酋长拜里迷苏剌正式举行封王仪式,赐以双台银印,冠带袍服,正式取名为满剌加王国,立碑规定其国土范围。

满剌加国王对中国万分感激，于永乐九年（1411 年）率妻子、陪臣 540 余人来中国访问，获成祖亲自宴请及一批为数可观的赏赐，包括黄金 100 两、银 500 两、纱 40 万贯、锦绮纱罗 300 匹、绹绢 1000 匹等。

永乐十二年（1414 年），满剌加的王子来中国，向成祖报告其父王已去世，成祖即命他承袭王位，赐金币等物。

永乐十七年（1419 年），国王率妻子、陪臣来明朝谢恩，在归国之前又向朝廷陈述暹罗侵扰之苦，说明暹罗故态复萌，继续欺凌满剌加和苏门答腊等国。成祖为此又派人警告暹罗，暹罗又赶紧派人进贡谢罪。

永乐二十二年（1424 年），满剌加新国王去世，王子嗣位，又率妻子、陪臣来朝。

宣德六年（1431 年）二月，满剌加国头目巫宝纳等三人来到明朝首都，向明宣宗告状，说他们的国王本想亲自来朝贡，但为暹罗王所阻，又说暹罗继续侵犯满剌加。这说明暹罗虽然向中国纳贡称臣，但对南洋的小邦仍以宗主国自居。

为此，明宣宗命令

明宣宗

年已 61 岁的郑和赶紧出发进行第七次西航,向暹罗宣旨,命他不可再犯。郑和于西航中,派分艅舰队前往暹罗宣旨,暹罗王仍和以前一样,赶快遣使谢罪、朝贡。暹罗具有善于和大国周旋的独特本领,所以它能在西方列强和日本侵略东南亚的数百年中继续保持独立。

但不管暹罗怎样阻挠,在郑和多次访问、示威之后,满刺加在中国支持下获得独立发展达 117 年之久。直到 16 世纪初葡萄牙人攻入满刺加之前,这个地处南洋和印度洋要冲的国家一直是中国的属国。

郑和帮助满刺加建国,教导百姓开发天然资源造福当地,因此,在马六甲(即满刺加)市留下了不少遗迹和传说。

据宋蕴璞《南洋英属海峡殖民地志略》说,距离马六甲市约一英里(1 英里＝1.609344 千米)处,有一座古城,建于山崖上,名字叫作三宝城。城楼雉堞齐备(雉堞指城上的短墙,又称女墙),并且纯粹是中国式的建筑。

据当地老年人传说,这座城是明成祖三年太监郑和巡视南洋至马六甲时所建。

城垣上嵌有一块长方形的白色石头,上面刻有"西历一千五百一十年"字样(1511 年是明朝正德六年,距郑和第一次出使已有 106 年),说明这座城可能于 1405 年(郑和第一次出使的年份)初建,于 1511 年整修。

城外有一古井,名叫三宝井,相传也是郑和所掘,水质清洌甘美,市民都喜欢饮用。马来原住民往往群集井旁,汲取其水冲凉,说可以祛病延年,所以来井上汲水的一天到晚，纷沓不绝，成为奇观。

井旁有宝山亭，供奉郑和神主，马来西亚原住民时常入内膜拜，有饮水思源的含义。

井后有山，名叫三宝山，是华侨的葬地。相传郑和居马六甲时，随从中有病死的就葬在这里，后来华侨也就将这块地作为公共墓地。

由宋蕴璞的这本书，我们可知马六甲市至少有四处纪念郑和的名胜古迹，即三宝城、三宝井、宝山亭和三宝山。

陈存仁在其所著的《三保太监七次下西洋考》中也提到三宝井，还说井的四周筑起了围墙，墙上有孔及古式的窗花。陈存仁还提到另一处纪念古迹——三保公庙。他说，马六甲的三保公庙占地很广，香火极盛，里面又有一块石碑，碑文已模糊不清，称郑和为"护城之神"。在当地百姓的心目中，郑和不仅是护城之神，也是海航之神和医圣。来三保公庙求签问卦的不仅有当地的民众，也有西来的航海者，以及得了各种重病的人。

据近世前往马六甲游历的人说，当地的三宝井不止一处，不仅有圆形的，也有方形的；又有一口井，旁边有一块极大而方形的石头，据说上面有三保大人的脚印，也有人膜拜，称为三保公石。人们还可登上三宝山浏览全城。据说此山曾是郑和的士卒的驻防地。可惜的是，在1962年，因为马六甲市政府要扩大南北公路，将三宝古井和墙垣全部拆掉了，三宝山也被开发商破坏，不是原来的风貌了。

马六甲市中，有一个小型的博物馆，馆内有一幅画绘的是郑和赐赠珍品给满剌加第一任国王拜里迷苏剌的情形，另有一幅画绘的是国王拜里迷苏剌迎娶明朝公主——淡李宝的场面。

这个淡李宝公主是何人，史书上找不到记载，但中国历史上为了和亲，将皇帝宗族的女子嫁给番邦首领，其身份说是公主，借以提高她的声望，这样的事情还是常有的。

据说，拜里迷苏剌为了要迎娶明朝公主，改信伊斯兰教，而公主也就成为王后，改名为"伊散干达沙"。

满剌加国王拜里迷苏剌，自从娶了明朝的公主之后，国威大振，他们也不怕暹罗的威胁，所以就迁都于淡马锡（今新加坡）。

马来西亚的华侨，以富商陈六使为首，集资在吉隆坡建设了一个"马来西亚博物馆"，用意非常深刻。在博物馆大门西侧，有两幅用彩色瓷石制成的马来西亚国历史的画面，每一幅分为若干段。右面一幅画面的第一段是1409年郑和船队到达吉隆坡的场面，船上旗帜有"郑"字；其次是郑和赐予国王明朝珍品的情形；再次是当时舞狮庆贺国王登基的图形；最后一段则是英军侵入的情况，上面绘有英国国旗，等等。至于左边的一幅，则是描写马来西亚近代的史实。

这两幅史画，颇有历史意义，等于说明马来西亚国的历史是从郑和下西洋开始的。

马来西亚和爪哇都有一个类似的民间传说，说该地的一种名叫榴莲的水果和郑和有关。榴莲是热带的特产，它的表面有许多尖角的刺,郑和在马来西亚时,曾经亲自爬到树上去采摘,不料这个果子的刺十分坚硬,刺痛了郑和的手指。郑和十分恼怒,便将果子剖开,撒了一泡尿在果子中,自己并没有吃。从此榴莲便变得臭不可当,吃的时候臭气四溢,当地妇女爱吃这种水果,华人见之往往掩鼻而过。但当地人说,榴莲以前是很香的,就因为郑和的一泡尿,就变得奇臭难闻了。初吃时觉得难以入口,常吃之后,认为是一种异味……

在马来西亚,无论当地人或华裔人,吃榴莲时常常要谈到这个故事,其实这也是后人捏造的,不过大家以为郑和已成了神,所以他撒的一泡尿,都会使水果变味。

第二十章
九州山上采集香料

东南亚的香料世界闻名,香料在中世纪欧洲市场上比黄金还贵。由于奥斯曼土耳其人于 1453 攻占了君士坦丁堡,控制了由地中海通往中亚的海上交通,当时欧洲人探险的主要目的是如何沿非洲大陆航行,到达盛产香料的亚洲。后来哥伦布独自西航,想绕地球一圈,从西面到达亚洲,以取得黄金和香料,不想亚洲没有到达却发现了美洲新大陆。

郑和舰队下西洋,经过的都是香料产地,近水楼台先得月,要采香料易如反掌,俯拾即是。费信的《星槎胜览》记载了第三次下西洋时郑和舰队的官兵采香料的情况:

"九州山(今马来半岛西岸海中的森美兰群岛,是十个礁石和小岛的群岛)和满剌加国接壤,出产沉香和黄熟香。林木丛生,枝叶茂翠。永乐七年(1409 年),正使太监郑和等派遣官兵入山采香料,采得直径有八九尺、长八九丈的香料树木六株,香清味远,黑花细纹,都是十分罕见的香料树。当地人见了都张口吐舌,称赞天朝的官兵的神力奇能。"

郑和船队的官兵这次从九州山所采香木运回国内,实为罕见的珍品,然而在九州山却是自然产物,无须用钱购买或用物交换,径直入山采伐即可获得。由此可见,郑和船队"人海取宝",并不是所有的"宝物"都要花费钱财才取来的,有些珍贵的海外特产,只要是自然生长的,下西洋官兵就能自行采集。这样取"宝",所花代价不大,而一旦带回国就会给官兵们带来很大的利益。

法人弗朗索瓦·德勃雷所著《海外华人》一书中记载了郑和船队5000官兵在婆罗洲(加里曼丹岛)北岸登陆后,向当地居民学会采集燕窝做成汤吃,以便调剂部队的食物。郑和船队还采集许多燕窝带回国内,并献给永乐皇帝享用。而海外俯拾皆是的燕窝被郑和带回中国后,立刻风靡大陆,价格昂贵,成为贵族阶级宴席上的珍品。

陆采写的《冶城客论》一书中记载了这样一个故事。永乐中期(1412年前后),随郑和下西洋的一名士兵在航海途中患了疟疾,眼看活不成了,船上的人想把他抛入大海中。船上的"舟师"(掌握着航行方向的航海技术人员)过去同他有交情,就向大伙建议,给他锅釜、衣服、粮食等生活用品,把他安置在一个荒无人烟的海岛上。这士兵登上岛后,遇上大雨,但身上的病却痊愈了。于是,他找了一个岩洞为居住之所。岛上有很多鸟蛋,他拾取以为食物充饥。约10天后他的身体完全恢复了健康。后来他听见一种类似风雨的声音从海上传来,晚上声音从海中响起,渐渐向岛中隐去,早晨这声音则从岛中响起,慢慢隐入海中。对此,他产生了怀疑,便走到响声传出的地方察看一番,发现一条十分滑润的沟道,似乎是一条大蟒蛇出入的通道,从岛上的一个洞开始直通海边。他分析这条大蟒蛇一定是每天早晨出洞,到海中捕鱼类为食,晚上返回洞穴休息。他想自己何不猎取此蛇,晾干蛇肉,充当食物呢?于是,他想出一条捕蛇之计:他砍了一些竹子,用刀将竹子削得如同尖刀一样锋利,等蛇由海中返窝后,在夜间把许多竹刀插在此蛇往返的沟道上。早晨,他仍然听见此蛇由洞穴出来入海的响声,可是临到晚上则声音全无。他跑去一看,只见沟道中洒满了腥血,而且满沟中都是珍珠,有的很大,直径一寸。原来这蟒蛇经过此沟时,肚腹被竹刀剖开,受伤太重,死在海中了。这些珍珠都是从它肚子里流出来的。往日它吞食海中的蚌蛤,蚌体内往往有珍珠且也被它吞下,大量留存在它腹内,故死后腹中流出的都是珍珠。士兵喜出望外,每天到此捡拾珍珠,堆积在他居住的岩洞中,有数斛之多。一年之后,船队回航,经过此岛,士兵大声呼救。统领船队的太监可怜他,就上岸把他救到船上。这士兵就把他得到珍珠的事讲了,然后把所有的珍珠搬运上船。太监把这些珍珠的十分之一分给士兵,这位中国的鲁宾孙回国后,成了富翁。

　　这故事虽是传说,也许有夸张的成分,但也反映了一个事实:有些下西洋的士兵由于在海外无意中采集到珍宝,归国后成为富豪。

第二十一章
在苏门答腊国
诛除伪王

郑和第三次出使之后,休整了一年,开始准备更大规模的远航。

为了第四次远航,郑和甚至专程前往陕西西安,礼聘大清真寺的掌教哈三当翻译,而原来的翻译费信因陪同其他官员出使榜葛剌等国未能随郑和出使。

郑和第四次出使的时间为永乐十一年(1413年)冬天至永乐十三年(1415年)夏天。经过前三次出使,从南洋群岛到南印度一带已经完全贯通,没有障碍。在明成祖的支持下,郑和进一步去访问南亚以西的远方国家,渡过印度洋,驶向波斯湾,穿越红海,率领着庞大的舰队沿东非之滨南下,最远到达赤道以南的东非沿岸诸国。

这次航海,自中国到印度古里的航程与前三次航海基本相同。船队首先抵达占城。在那里做短暂的停留后,郑和派出一支船队到彭坑和吉阑丹。彭坑在今马来半岛东岸的彭亨河口;吉阑丹又称急兰丹,即今吉阑丹河口处的哥打巴鲁(Kota Baharu),位于马来半岛东岸,为马来西亚吉阑丹州府所在地,又是马来西亚重要港口。

郑和自己则率领大艨船队驶往爪哇,处理爪哇和满剌加两国在旧港问题上的争执。两国都声称拥有旧港的领土权,而事实上该地已由爪哇占领。郑和决定维持现状,规劝满剌加不要插手旧港,同时维持中国设立的旧港宣慰使司,让爪哇承认中国在旧港的存在,以保护当地的华人。在爪哇停留一段时间后,郑和的大宝船队就开航到旧港、满剌加、亚鲁、苏门答腊。

郑和每到一个国家,就要对其国王进行赏赐,但此时苏门答腊国有两股互相敌对的势力,都宣称自己是真正的国王。一是前国王的儿子锁丹罕难阿必镇,一是渔翁之子苏干剌。郑和选择了锁丹罕难阿必镇,给他以赏赐,不赏赐苏干剌。苏干剌不服,给郑和下战表,说如果不赏赐他并帮助他除掉锁丹罕难阿必镇,他就要带领数万人前来攻击郑和的船队,抢夺船上的珍宝。

郑和首先仔细调查了解苏门答腊国一分为二的原因,发现其中有一段极其复杂的故事。

原来苏门答腊国有个西邻小国叫"那孤儿",这个小国土地非常狭小,只有1000多户人家,其人民有一种奇怪的风俗,男子都以墨刺面,刺成花兽图案,所以又名"花面国"。郑和曾经去过该国,其酋长也经常派人到中国进贡。据今人考证,该国在今天苏门答腊岛东岸北部的实格里(Sigli)附近。

永乐五年(1407年),那孤儿侵犯苏门答腊国,在战斗中，苏门答腊国国王不幸身中毒箭而死，其子锁丹罕难阿必镇年幼，无法为父报仇。国王的妻子也束手无策，只好向国人宣布："若有人能够替先王报仇，复全国土，我就愿意改嫁给他，和他一同处理国事。"

这个誓言发出后，有一位渔翁（可能是一个经常出海捕鱼的航海家）自告奋勇地前来，并率众与那孤儿作战，杀了他们的酋长，为苏门答腊国报了仇。而花面王被杀后，他的手下就退出苏门答腊国，不敢再来犯。

国王的妻子实践诺言，与渔翁结婚，称渔翁为"老王"，王家的事务和土地赋税的征收全由老王做主。

永乐七年（1409 年），"渔翁老王"派遣使者来中国进贡，因为当时"渔翁老王"是苏门答腊国的唯一合法君主，尽管他出身微贱，明成祖朱棣还是承认他，对"渔翁老王"派遣的使节与对榜葛剌国王所派遣的使节同等看待，下令给予优厚的赏赐。

永乐十年（1412 年），那位前国王的儿子锁丹罕难阿必镇又长大了五岁，羽翼丰满，对于"渔翁老王"以这种方式从自己手中获得王位愈想愈不甘心，于是，一声号令，自有军队归附，他带兵攻杀了义父，夺其王位，接管其国。

这么一来，他恢复了自己的权力，但渔翁的儿子苏干剌却因此失去了继承王位的机会，他索性也带领家人及部分部下逃往邻近的山上，自立一寨，不时率兵侵扰，谋报父仇。

这么一来，苏门答腊国遂分裂为二。

面临这种复杂局面，郑和决定快刀斩乱麻，予以处理。

不管此事的是非曲直如何，锁丹罕难阿必镇既有纯王室血统，又占据了王城，就代表苏门答腊国，应继续予以支持；而苏干剌出身平民，仅仅占有山寨，形同土匪，必须协助锁丹罕难阿必镇予以剿灭。于是，郑和继续表态支持锁丹罕难阿必镇，苏干剌果然带领数万军队，拦截攻击郑和的水军。

明代海军

郑和立即率领大明和苏门答腊国的联军迎战。结果，苏干剌大败，逃到苏门答腊岛西北方的南巫里。郑和穷追不舍，在南巫里将苏干剌及其妻子擒获。

永乐十三年（1415 年），郑和第四次西航胜利返国，同时将抓获的苏干剌等人交给朝廷处理。

兵部尚书方宾说:"苏干剌大逆不道,宜付法司正其罪!"

成祖命刑部依法办理,苏干剌终于被诛伏法。

这一次在国外维护正统的战争,郑和处理得干净利落,如果他首鼠两端、模棱两可,两边都给予封赐,苏门答腊国将永远不得安宁,甚至有可能重演永乐四年(1406年)郑和使团部分官兵在爪哇内讧中无谓牺牲的悲剧。郑和这种"擒贼先擒王"的战略和穷追到底的做法,一举荡平了叛逆势力,彻底解决了苏门答腊国的问题,使苏门答腊国成为郑和船队的可靠的贸易、交通中转站。同时,这次战争在海外影响非常巨大,使大明海军获得"扶正除邪"的正义之师的印象。经过此次战役后,诸番国都服从明朝。

这次战役是郑和七次下西洋所发生的三大战役中的最后一役。算起来,发生在他出使南洋的第九年,以后他继续西航了19年,再也没有大动干戈了。也就是说,从此再也没有谁敢阻挠大明的船队,海上航行太平无事了。

明朝对海外三次战役的俘虏的处置方法颇有不同:旧港的陈祖义伏诛,锡兰山的国王获得赦免生还,苏门答腊国的苏干剌也被处死。对这三个案件的处理,明朝是根据什么原则呢?

仔细分析起来,当时明成祖及其刑部大臣可能基于以下几方面的考虑。

第一,国籍不同。陈祖义原是中国人,在国内曾犯案,逃亡海外,继续作恶,这次是缉捕归案,必定严惩,而锡兰国王是远方外国的元首，中国的法律管不了外国，所以从宽发落，交由其本国处理。这种宽大处理会在海外各国产生很好的影响。

第二，情节不同。陈祖义和苏干剌都为害一方，在与郑和船队冲突之前，已经给当地人民造成很大的灾难，如果释放他们，等于放虎归山，当地老百姓又要遭殃，局势又不能平静，明朝的做法是维护海路安全，也为国外民众除害。而锡兰国王劫夺郑和船队只是因为贪图宝货，见财起意，其在国内并无劣迹，放回本国，交由新王管束，不会留下后患。

第三，身份不同。陈祖义是海盗，苏干剌是渔翁之子，聚众于山林，和盗匪差不多，而锡兰王贵为一国之主，本着儒家的"刑不上大夫"的原则，应区别对待。

第四，苏干剌虽也称"王"，但是个伪王，其身份不能视为与锡兰王等同。本着中国古代的帝王传统的"家天下"思想，旧王以身殉国，而王妻却改嫁"异姓的"渔翁，属于不贞洁的行为，而渔翁即使有为旧王报仇雪耻之功，终究只是臣民，不能占据王位，所以旧王之子将渔翁杀死夺回政权是复国壮举，而渔翁之子拥兵对抗则是叛逆，理应诛之，斩草除根，使渔翁势力不能再起。

由于明朝诛伪王苏干剌，苏门答腊国王室十分感恩，几乎每年都派遣使者向中国进贡。有史可查的记录有：宣德元年（1426年），明宣宗登基时，苏门答腊国遣使入贺；宣德六年（1431年），苏门答腊国王遣使入贡；宣德八年（1433年），苏门答腊国向明朝进贡麒麟；宣德九年

（1434 年），苏门答腊国王的弟弟哈利之汉来到中国朝拜，不幸在北京逝世，宣宗追封他为鸿胪少卿，并予以厚葬；宣德十年（1435 年），苏门答腊国王遣其弟哈尼者罕来朝，说是其国王年老不能治事，请求传位于儿子，于是明朝封其子阿卜赛为国王。

郑和在苏门答腊岛上也留下了遗迹：在今天印尼的亚齐市（苏门答腊岛的北端）有一座明代的大钟，据说是郑和带去的，亚齐市的华侨促使市政府在市中心交通要道上建了一个钟亭，以放置这个大钟。

岛上的房屋建筑还是保持郑和时代的样式。在旧港（现称巨港）有许多华侨，来自广东、福建等地，他们喜爱的围棋和皮影戏，都是郑和的船队传入的。

　　郑和在处理苏门答腊国纠纷的时候，派遣了一支分舰队，由一个姓张的太监负责，远涉印度洋到溜山（今马尔代夫群岛）。溜山是个岛国，其间岛屿众多，海流复杂，船只到此必须十分小心，一旦遇到恶风，走偏了航向，就有触礁的危险。此地盛产龙涎香和椰子，郑和船队到这里主要购买这两种物产。龙涎香采到时是黑色的，没有香味，用火烧之，则清香扑鼻。椰子除肉可食外，外皮（硬壳里面的一层内穰）可打成粗细绳索，卖于阿拉伯、印度等国用来制造船舶。因为当时阿拉伯、印度等地造船不用钉子钉，而是在船板的连结处钻一些孔洞，然后用这种椰皮绳索联结起来，加上木楔，再用番沥青把缝隙涂严。
　　郑和船队平息苏门答腊国的叛乱后，从苏门答腊岛驶向锡兰。在锡兰，郑和派出一支船队访问小国加异勒，又派出一支船队由少监杨敏带领回访榜葛剌（今孟加拉）等国，他则率领大艉船队从锡兰驶向古里。第四次下西洋的目标是去比古里更远的地方，并且古里以西去西亚和非洲的航线在第一、二、三次西航中都没有试探过,这一次是初次航行(可能聘请熟悉这些航道的阿拉伯人做领航员),可分为四个阶段。

第一阶段:从古里到忽鲁谟斯。郑和船队沿印度西海岸西北行,航行28昼夜,进入阿曼湾,到达霍尔木兹海峡的著名商港忽鲁谟斯。

119年前,意大利探险家马可·波罗也经历了同样的航线,在忽鲁谟斯登陆。1292年初,马可·波罗一行人分乘13艘四桅帆船从福建泉州登船起航,向波斯(今伊朗,当时称伊儿汗国)进发。他们利用冬季信风,扬帆西行,经过苏门答腊、锡兰、印度海岸,直航霍尔木兹海峡的忽鲁谟斯,由此登陆至波斯,完成了护送一位元朝公主与波斯王(即伊儿汗国可汗)结婚的使命,然后,于1295年回到了离别20多年的家乡威尼斯。元朝时代,从中国泉州到忽鲁谟斯的航线是元朝朝廷和伊儿汗国联络的重要航道。

忽鲁谟斯是东西方之间进行商业往来的重要都会,不仅非洲的米息(今埃及)、阿拉伯半岛的祖法儿(今佐法尔)、阿丹(今亚丁)、印度半岛的古里、柯枝以及再往东的一些国家从海上来此进行贸易,就是中东以至欧洲地中海沿岸的一些国家也从陆路来此做买卖。因此在这里,宝石、金刚石、珍珠、琥珀、珊瑚、玉器以及各种毛织品五光十色,应有尽有。

忽鲁谟斯的气候有寒暑之分,春天开花,秋天落叶,但这里有霜无雪、少雨多露,谷物出产不多,但瓜果却十分茂盛，核桃、把聃（形似核桃，比核桃更好吃）、松子、石榴、桃子、花红、万年枣、西瓜、菜瓜、甜瓜等种类颇多、各具风味，其甜瓜特大者长有两尺，葡萄干无核大如莲子。

郑和船队来到忽鲁谟斯后，该国国王就派遣使臣到中国进贡马匹和土产。明成祖命礼官赐宴，并且付给马的价钱。从此，只要郑和的船队去一次，忽鲁谟斯就来中国朝贡一次。

第二阶段：从忽鲁谟斯到阿丹（Aden，今也门共和国的亚丁港）。郑和船队从忽鲁谟斯向东南航行，绕过阿拉伯半岛东南端阿曼的马斯喀特（Mascat）、苏尔（Sur）等地，转西南行到祖法儿（今阿拉伯半岛阿曼南部的佐法尔［Zufar］地区）。从这里一直向西南航行就可到达接近红海入口处东部的阿丹。

祖法儿是郑和船队离开忽鲁谟斯后，停泊的第一个国家，今天该地属于阿曼苏丹国，以产牛著名，并以阿拉伯世界的独特风光吸引游客。在《瀛涯胜览》和《星槎胜览》两书中对这个地方有以下记述：祖法儿依山靠海，西北是重山，东南是大海。国王及百姓都信奉伊斯兰教。人民体型都相当高大壮硕，所用的语言相当简单。国王头上以白细布缠绕，出入乘轿或骑马，前后有乐队、骆驼队、马队、吹奏着乐器随行。每逢礼拜天，全国停止一切交易半天，不分男女老幼，都要先沐浴，穿上洁净的盛服，再用蔷薇露、沈木香薰衣，又以香炉燃沉檀香，然后行礼跪拜真主。

郑和船队到祖法儿后，受到热烈的欢迎。国王差遣大臣告谕全国人民，可同中国船队做买卖。人们拿乳香、没药、安息香、芦荟、苏合油、木别子之类，换取中国的纻丝和瓷器。

阿丹是第二阶段航行的终点。今天这里是也门共和国的繁华港口和旅游胜地亚丁，有规模很大的现代化加油设备、石油提炼工厂，有纺织、食品加工、日用品加工工厂，还有渔业和盐业。当年的阿丹就很繁荣，是阿拉伯世界的商业要地，其国王对中国十分尊信，听说郑和到来，就亲率部领来迎接。当郑和宣布皇帝的诏命后，他就令国人尽出珍宝，允许买卖。郑和的船队通过这种买卖，获得了一些珍禽异兽及难得的宝物。

第三阶段：航行到东非各国。郑和船队或其分船队可能从阿丹（亚丁）越过亚丁湾，向东航行绕过非洲东北端的阿赛尔角（Ras Aser）和哈丰角（Ras Hafun），沿索马里海岸西南行，到达木骨都束（今索马里的摩加迪沙［Mogadishu］）、卜剌哇（今索马里的巴拉韦［Baraawe］）、竹步（朱巴河［Jubba］河口一带）、麻林（肯尼亚的马林迪［Malindi］）和慢八撒（肯尼亚的蒙巴萨［Mombasa］）。

木骨都束是第三阶段航行停泊的第一个国家。郑和第四次下西洋，可能亲自到过木骨都束，因此，永乐十四年（1416 年），其王派遣使者来中国朝拜，成祖命郑和带着诏敕和赏赐，于次年第五次下西洋时，亲自或派使者再到木骨都束。后来，第六次下西洋时，郑和也许又去了一次。至于第七次下西洋，郑和到忽鲁谟斯即回航，只派分舰队去木骨都束。木骨都束现在是索马里共和国的首都,接近赤道,气候炎热。索马里位于非洲最东端,被称为"非洲之角",东濒印度洋,北临亚丁湾,地处亚、非两大洲交接处,扼印度洋和地中海之间的海上交通要冲,地理位置十分重要。今日此处成了海盗绑架商船、杀人劫货的场所。索马里人很爱护动物,国内的牲畜头数位居非洲前列,骆驼头数占世界首位,开发了多处动物保护区,里面有羚羊、野鹿、斑马、长颈鹿、大象、河马、鳄鱼等动物,还有多种鸟类和爬行动物,游人络绎不绝。

郑和的随员费信在他写的《星槎胜览》中描述了当时木骨都束人的生活状况:"木骨都束滨海,百姓每天都相互学习射击,一方面是为了寻找食物,另一方面则是为了防备他族的侵袭(今日该地海盗众多,和这种古代的好武传统有关)。他们住的房屋都是垒石而成,靠着山可以垒到四五层楼高。至于人民的长相和打扮,男女都是天然的卷发。脖子上套着一种用银做成的项圈,还有一类项链之类的装饰品挂在胸前。有的脚上穿着兽皮制成的鞋子,这些兽皮是他们从被射死的动物身上剥下来的。木骨都束地广人稀,遍地都是黄土,经常连着几年不下雨。有时下雨了,他们也不知道如何把水储备下来。吃的方面,除野兽的肉以外,还吃晒干的鱼类。每个人认为最宝贵的东西,莫过于那只用羊皮制成的水袋,它是用来储水解渴的必需之物。当地气候之热,有时会把一种鲸鱼热死在海滩上。而抹香鲸的胆石,也就是龙涎香,可供作药用或作香料用。"费信还写了一首诗,描述古代的索马里都城:"木骨名题异,山红土色黄,久晴天不雨,历岁地无粮。宝石连珠索,龙涎及乳香,遥看风景异,得句喜成章。"由他的记录可见,当时非洲东部的发展水平低于西亚国家。

至于木骨都束以南的卜剌哇(今索马里的巴拉韦[Baraawe]),费信在他的书中说,卜剌哇人叠石为屋,傍海而居。那里土地广,多盐质,少有草木。当地的作物只有葱蒜数种,全国人民都捕鱼为食。此地有很多野生的斑马、犀牛、象及骆驼等,产有药用的乳香、龙涎香、象牙、犀牛角等等。

第四阶段:从非洲东部回到阿丹,再由阿丹到天方(今麦加一带),航线如下:从阿丹向西经曼德(Mandeb)海峡进入红海,向西北航行四天可到达天方(今麦加一带)的秩达(吉达港[Jiddah])。登岸步行一天可到默伽(麦加[Mecca])国,再东北行可到默德那(麦地那[Medina]),两地均为伊斯兰教圣地。但郑和可能没有亲自走过这条航线,很有可能只派分船队去过。

郑和船队远航西亚、非洲,同到其他地方一样,先宣读皇帝的诏谕,然后购买各种珠宝异物,事毕启程回国。这时,西亚、非洲等国的国王也差遣使臣,携带着本地土产,搭乘郑和船队的客船来中国朝贡。第四次下西洋时,沿途各国的使臣随着郑和船队到中国进贡的较多,有的搭乘郑和主船队的船,有的搭乘分船队的船,所以到达中国的时间不一样,归国的时间也不一样。史籍上记载,有的访问中国后,于永乐十三年(1415年)十月"辞归",有的在永乐十四年(1416年)十二月辞别返国。

永乐十三年(1415年)跟随郑和船队到中国进贡的国家中有一个离中国很远的非洲国家麻林国,该国进贡的物产也很特别:一只"麒麟"。这件贡品引起明朝朝野上下震动,因为从古以来,麒麟就被认为是灵兽,它的出现代表太平盛世。其实,这"麒麟"并不是古书上的神秘奇兽,而是一只长颈鹿。在非洲,长颈鹿是寻常动物,但在中国却是非常罕见。物以稀为贵,少见多怪,所以被错认为是麒麟了。明成祖为此事,特地开启宫殿的大门,接受这件贡品,百官也稽首称贺。礼部尚书吕震上表建议满朝文武都应该就此事写一篇赞美成祖治绩的文章上呈,但成祖依然保持清醒的头脑,他说:"当前重要的事是翰林院编修的五经四书告成,唯有这件事值得庆贺,因为这书有益于国家的教育,能改善社会风气,如果百官就这件事上表祝贺,我是同意的。至于有没有麒麟,与国家的利害无关。"成祖并不把国家的兴旺发达寄托在"有没有麒麟"上面,说明他不愧为一位贤明的君主。

当时还未正式迁都,但这只长颈鹿在北京还是引起了轰动效应。礼官吕震请上表贺,成祖客气而且理智地回答说:

"你们应当日夜用心辅助我治好国家,使天下人民普遍受益。天下人民安居乐业了,即使没有麒麟出现,也不会妨碍治世的达成。这次贺礼就免了罢。"

成祖到底还是一位洞悉天下事务的君主,认识到一只长颈鹿来到中国并不是什么了不起的大事。

进贡长颈鹿

由于中国崇尚"麒麟"（长颈鹿），西洋各国争相来中国奉献"麒麟"。在麻林国进献之前，榜葛剌（今孟加拉）就于永乐十二年（1414年）向中国进贡过"麒麟"。这件事发生在郑和的船队到达该国之前。这年二月，成祖举行大阅兵，宣布率马步军50余万，亲征瓦剌；六月，以大败瓦剌诏告天下；八月，车驾回北京；九月，榜葛剌国正好来献"麒麟"。

麻林国贡献"麒麟"之后，又有阿丹国进贡"麒麟"，所以翰林学士金幼孜写道："五六年间，麒麟三至京师。烜赫昭彰，震耀中外，诚千万世之嘉遇，而太平之上瑞也！"他仍旧把长颈鹿当成麒麟。之所以有此误传，恐怕和谐音有关,当时印度人和阿拉伯人都称长颈鹿为 Giri 或 Gi-raffe,听起来和"麒麟"差不多。

除了"麒麟"外,还有另外的奇异动物来京。阿丹等国还曾进贡斑马,中国人称其为"福禄",也是从吉祥方面命名。祖法尔等国还进贡鸵鸟,中国人见其"形似骆驼,毛似骆驼,因此取名为驼鸡"。这种尊重动物,将珍禽异兽当作礼物敬献,代表古人的环境保护观念,和今日用飞机将熊猫送给外国动物园差不多。

无论如何,麻林国遣使来中国贡献"麒麟",是郑和第四次下西洋所取得的一个重大成就,显示出郑和使团首次对东非沿岸国家所进行的访问取得了圆满的成功。即使我们认识到所谓的"麒麟"只不过是长颈鹿,但郑和出使的功绩仍不能被抹杀。郑和的和平访问,与西方殖民者开拓海外殖民地,掠夺、奴役和屠杀原住民,有本质的不同。而当时朱棣、郑和等所持的"世界性观念"是符合时代要求的,远远胜过那些对海外诸国不积极进行交往的闭关自守的保守观念。

第二十三章
树南京天妃宫碑

　　辽阔的海洋是大自然无穷无尽力量的代表,它的可敬畏之处在于能产生大风暴和海啸,使航海者舟翻人亡。自古以来,出海航行或捕鱼的人中罹难者不在少数,死亡概率很高。许多在陆地上行走如飞的人走到海边,望洋兴叹,不敢航海,所以古代的航海家都是勇士和探险家。他们把生命托付给神,希望神能保护他们航行平安。上文说过,郑和船队也有保护神,它就是天妃妈祖,他们在航行中不断祈求天妃妈祖保佑他们能战胜海上的风浪,平安抵达目的地。天妃妈祖是中国的海神。

　　天妃的原型是尘世间一女子,据说姓林,名默,福建省莆田县湄洲屿人,生于北宋建隆元年(960年)。她生长在海边,从小就学会了游泳。有一次遇大风船翻,她奋不顾身救起父亲,找回兄长尸体,此事颇为人们所称赞。她还经常为老百姓行医看病,在海上抢救遇险的渔民。相传北宋雍熙四年(987年)九月她升天为神,名天妃妈祖。

　　世代以渔业为生的湄洲屿人民经常在海上遇到风险,

　　他们相信林默（妈祖）的神灵在海上会保护他们，每当遇到风险，只要高声呼唤妈祖的名字，她就会赶来救援。北宋天圣年间（1023～1030 年），她的故乡湄洲屿，首先建祠敬奉妈祖。南宋宁宗庆元二年（1196 年），当时主要对外贸易港口泉州建立天妃宫。南宋首都杭州市舶司侧，也建顺济圣妃庙，祀奉天妃。

　　东亚民族对海神天妃的信仰就是对自然力的信仰。自然力有时是凶暴可怖的，人在它的面前，往往无能为力，因此他们只能祈求自然力的人格化身——天妃妈祖保佑平安。

　　明朝初年，为了方便郑和等航海者出发前和归来后祈祷，南京、太仓、长乐、湄洲等地都兴建了天妃庙。南京的天妃庙有三座。一座是洪武年间建造的。第二座是郑和第一次下西洋回来后的纪念建筑。第三座是郑和第三次下西洋时，明成祖特加封天妃为"护国庇民妙灵昭应弘仁普济天妃"，于南京仪凤门外建造的天妃宫。这座建筑屹立于半山腰，当时有龙江流经其下，因此又名"龙江天妃宫"。宫殿华峻，廊庑绘有海中灵异。玉皇阁高可见江，与远近帆樯相辉映。宫后植有郑和自海外带回的裟罗树。

　　永乐十三年（1415 年）郑和第四次下西洋回国途中，在大洋中遇到狂风恶浪，他乘坐的大宝船几乎沉没，据说后来得到海神天妃保佑才脱离险境。所以郑和回国后将上述情况奏报皇上，于是永乐皇帝以"御制"的名义于永乐十四年（1416 年）四月在南京天妃宫内立了一块碑。该碑保存至今,称为“南京天妃宫碑”,是现存最大的郑和下西洋刻石。碑的全称是“御制弘仁普济天妃宫之碑”。碑高5.48米,由碑额、碑身、碑座三部分组成;碑宽1.27米,厚0.58米。碑文699字,详细描述了海上遇险的场景,如“其初使者涉海洋,经浩渺,飓风黑雨,晦冥黯惨,雷电交作,洪涛巨浪,摧山倒岳,龙鱼变怪,诡形异状,纷杂出没,惊心骇目,莫不错谔”。飓风在科学发达的今天尚不易制服,在500多年前的木帆船航海时代,郑和船队在航海中遇到飓风、台风等大风暴,其时九死一生、惊心动魄的险境可以想见。船员们在与风浪搏斗的同时,自不能没有宗教上的安慰和寄托,以坚定人们的斗志。因此,碑文中又描述神灵出现、众人得救及其感恩心情,如“乃有神人飘飘云际,隐显挥霍(挥霍,迅猛的意思),上下左右,乍有忽无,以妥以侑。旋有红光如日,煜煜(明亮的样子)流动,飞来舟中,凝辉腾耀,遍烛(照耀的意思)诸舟,熇熇(火光炽烈的样子)有声。已而烟消霾霁,风浪帖息,海波澄镜,万里一碧,龙鱼遁藏,百怪潜逸,张帆荡舻,悠然顺适,倏忽千里,云驶星疾。咸曰:‘此天妃神显灵应’”。这里描述的“天妃神显灵应”的种种奇观,纯属臆想,实际上是并不存在的。在当时人们的意识中,现实生活中出现奇迹,即使明明是人力奋斗的结果,但人们总认为有“超自然的力量”在起作用,只有这样,平凡的事情才显得神奇玄妙,经历者才身价倍增。而郑和等航海者将一些平常的自然现象当成天妃妈祖显灵,他们自己也深受鼓舞,增加了抵抗灾难的信心,返国后将途中的险遇加以渲染,向成祖等朝廷主宰报告。成祖等听了,既感到奇异,又深感荣耀,因为他派出的船队能获得天妃妈祖的帮助,说明自己的政令合乎天意。于是,嘉奖表彰郑和等航海者自不用说,特别是要传令增修天妃妈祖庙,立碑颂扬天妃妈祖的功德。以后郑和等每次出海前,都要在天妃妈祖庙祈祷平安,以增添能胜利航海归来的信心;途中再遇到危难,一定又吁求天妃妈祖解救,同时许愿脱险回国后,一定再度重修天妃庙。这么一来,天妃妈祖的庙宇越修越大、越来越多,群众的信仰也越来越虔诚。

郑和下西洋以后,沿海各地的渔民和航海者继续把妈祖奉为海上保护之神,从北起丹东、营口、秦皇岛、天津到南京、上海、宁波直至广州、北部湾,都陆续建起了天妃宫。我国台湾全岛有天妃宫 400 余所,大陆也有天妃宫,如江西景德镇、贵州镇远等。日本、马来西亚、新加坡、菲律宾、印尼、越南等地也有天妃宫。海神天妃的影响范围之广可见一斑。

　　郑和的第五次出航，是在永乐十四年（1416 年）冬天就接到了朝廷的命令，但照例是次年（1417 年）秋后，在福建太平港等候季风来到时起航。这次马欢、费信未去，其随行人员有僧人胜慧、将领朱真、唐敬等。这次航行，主要任务是护送东南亚、南亚、阿拉伯和东非诸国使臣回国，其中有占城、爪哇、满刺加、苏门答腊、南巫里、锡兰山、柯枝、古里、溜山、忽鲁谟斯、阿丹、木骨都束、卜刺哇、麻林诸国使者，此外还有彭坑国王和旧港宣慰使的使臣等。

　　第五次下西洋所采用的航线和第四次西航时相同，但在亚丁湾曾向红海航行，准备去伊斯兰教圣地麦加朝觐时，忽然间，一阵大风把船队向南吹去，波浪滔天，大海茫茫，帆折檣断，险象环生，只得向西岸驶去，到达非洲大陆的刺撒。这里天气炎热，干旱缺水，寸草不生，人民皮肤尽黑，身躯矮小，多不穿上衣，裸体露身而行走。刺撒可能是今天东非厄立特里亚的一个港口，但也有人认为是今阿拉伯也门共和国的伊萨角。

船队于永乐十七年(1419 年)返程到达马来半岛后可能还到渤泥、苏禄、吕宋等东南亚国家访问。这样,从马来半岛的彭坑到文莱要 9 天,从文莱到吕宋要 6 天,从吕宋到苏禄也要几天时间,从苏禄回到福建厦门的航程约10 天。

第五次出使期间,除了对各国例行宣诏、封赏外,还有一些值得记载的大事。

首先是加封柯枝土王可亦里为柯枝国王,并封其境内大山为镇国山。

柯枝在印度西南海岸,现在的地图作"科钦"(Co-chin),中国古籍作"柯枝国",为阿拉伯语 Koci 的音译。柯枝的港口在文伯纳德湖(Vembanad Lake)出口处,为一天然良港,可停泊大量海船,今天仍为印度的重要贸易海港。

费信在他写的《星槎胜览》中描述柯枝国说:"这个国家与锡兰山对峙,气候一年四季都很热,田地贫瘠,出产胡椒等,村落依傍海滨而建,风俗颇纯朴,常常向中国进贡土产。"

前面说的古里就在柯枝以北,郑和七次下西洋当中,有六次到古里(第六次除外),柯枝则在第二、三、四、五次出使时曾经到过,一共四次。

明朝与柯枝的关系较好。永乐元年(1403 年),明成祖派宦官尹庆带着诏书及所赐宝物前往抚谕。永乐六年(1408 年),郑和第二次下西洋时首次来到柯枝国。柯枝

土王可亦里也经常遣使入贡。永乐十年（1412年），柯枝
贡使向明成祖请求，封其国内大山为镇国山（前述满剌加
国国王也有同样请求），成祖答应了。永乐十五年（1417
年），郑和第五次下西洋时，带着成祖的封敕来到柯枝，正
式封其土王可亦里为柯枝国王，赐印诰，并且封其境内大
山为镇国山。

　　成祖亲制碑文，刻石立于山上。这篇碑文一再强调中
国对诸邦一视同仁的胸怀，他写道：

　　"朕君临天下，抚治华夷，一视同仁，无间彼此。推广
古代圣帝明王之道，以合乎天地之心，远邦异域，咸（全部
的意思）使各得其所，闻风向化者，争先恐后也。"

　　接着他很满意地指出，像柯枝这个远在西南方、位于
诸番国之外的国家，能长久得到中华的教化是件多么好
的事啊！还说柯枝的百姓只要一听到来自中华的命令，
都会兴奋地感谢上天，因为这是他们接受中国圣人教化
的好机会。而柯枝的人民也认为，自从受中国教化数年
以来，国内连年丰收，人民在衣食住等方面都获得满足，
而且"老人慈爱幼小的孩子，少年尊敬长者"，人民中间
"凌厉竞争的风习"得到改善，山中再也没有猛兽，溪中再
也没有恶鱼，海中出产珍奇之物，林中出产上好木材，暴
风不再兴，疾病不再作，因此他们对中国实在是感恩不
尽。

　　以上碑文内容道出了成祖的心声：他要成为天下的
"共主"，尽管这只是名义上的"共主"，而不是对各国直接
实行统治，但也是以各国服从中国的号令、对中国表示臣

服为前提的。他这样做的目的,是要使海外诸国为中华圣教所同化,收到移风易俗的效果,以与中国共享文明治平之福,而绝不是要对各国进行压迫和掠夺。他具有世界眼光,因而不惜花费巨资、掏空国库,派郑和屡使西洋,使各国与中国的关系日益密切。他的这种目的也在逐步达到。

郑和出使海外诸国,为实现明成祖的政治理想,做了不懈的努力。虽然未必如柯枝国人所讲的那样,由于接受了中国圣人的教化,每个海外国家都出现了那么美满和谐的境界,但是郑和使团在海外为之奋斗的目标与中国古代圣贤所追求的大同理想并不矛盾。

郑和航海的终极目标是中国和各友邦共享太平之福。郑和使团在各国宣扬教化,也就是号召各国去实现世界大同的理想。

当然,这种理想不是朝夕之间可以实现的,成祖在碑文中也承认自己“德薄”,把功劳算在柯枝的实际领导人身上,作为加封土王可亦里为正式国王的依据,最后写道:

“乃封可亦里为国王,赐以印章,并封其国中之山为镇国之山,勒铭其上,垂示无穷。而系以铭曰:

截彼高山,作镇海邦,吐烟出云,为下国洪宠(作为你们国家的巨大景点)。肃其烦歊(去除该地的令人烦躁的气氛,歊音消 xiao,气体上升的样子),时其雨旸(使该地风调雨顺、晴雨有时,旸指天晴),祛彼氛妖(祛是“除去”的意思,彼指那个国家,氛妖指不正的风气),作彼丰壤,靡灾靡沴（没有各方面的灾害，靡是没有的意思，沴指气不顺引起的灾害），永庇斯疆（上天永远庇佑这片国土，斯是"这里"的意思），优游卒岁，室家胥庆（"胥"是"全部"的意思）。于戏（语气词）！山之崭兮（"崭"是"高峻"的意思），海之深兮，勒此铭诗（勒是刻的意思），相为终始。"

　　碑文的内容揭示了郑和下西洋时能与海外各国人民结下深厚友谊的原因：中国的远航外交活动使各国人民获得太平与幸福（优游卒岁，室家胥庆），这是一种善始善终的和平航行（相为终始）。

　　对比西方殖民者在亚洲、非洲和拉丁美洲的强盗行径，郑和下西洋的和平、友善和造福的意义就更明显了。哥伦布发现新大陆后，大量西班牙殖民者蜂拥而至，他们屠杀、绝灭当地的印第安人，掠夺式地开采当地的自然资源，疯狂破坏当地的自然环境，因而引起原住民的激烈反抗。1493 年 1 月，哥伦布首次西航，在伊斯帕尼奥拉岛（海地岛）上建立了第一个殖民点，取名为纳维达德（圣诞堡），留下了 39 名船员。可数月之后，也就是同年 11 月，哥伦布第二次西航来到纳维达德堡时，发现那 39 名船员全部被原住民杀死，一个也没留下。相比之下，郑和在海外建立的满剌加基地和旧港宣慰使司却能稳固地长期存在。为什么呢？原因在于，郑和使用的是赏赐、封赠、公平交易等和平友好的外交手段，而西班牙人采用的是侵略、攻击、掠夺、屠杀、强奸等残暴手腕。

　　哥伦布等殖民者对原住民的残忍的掳掠和杀害，引发了新大陆殖民点的长期骚乱和战争，哥伦布因无法稳定伊斯帕尼奥拉岛上的局势,于1500年10月被戴上脚镣手铐押送回国。可他的继任者又如何稳定局面呢?靠的是完全灭绝当地的印第安原住民。新总督奥万多上任后,先后绞死或活活烧死的印第安酋长至少有80个。西班牙人随即就把群龙无首的印第安人的愤怒反抗浸没在血泊中。伊斯帕尼奥拉岛上原住民的人数原先有30万左右,自白人来后,短短两年,竟锐减了2/3;到1548年时,只剩下500个了。古巴岛原来也有30万印第安人,至1548年差不多已经绝迹。白人发现新大陆时,其船只最先停泊的地方是巴哈马群岛,岛上的原住民泰诺人热情欢迎外来者,毫不吝惜地供给他们食物和必需品,可是在白人来到12年后,这个群岛上一个印第安人也没有留下,全部被杀害。后来,西班牙殖民者占领了整个中南美洲,杀害的印第安人总共有1500万之多,只有极少数十分坚强的印第安人才存活下来。

哥伦布后来又乘船返回新大陆,可是他几乎无法在任何地方立足。他原打算在贝伦河畔开采金矿,可是他派一个船长和其同伴11人上岸补充淡水,结果都被从树丛中冲出的原住民杀死。哥伦布听到船长被杀的消息后,立时昏迷过去。他只好带领几艘漏船在海上漂荡,最后困处牙买加岛,众叛亲离,一年后才被救援回国。

第二十五章
征集珍奇

与哥伦布到处碰壁、走投无路的困境相反，郑和每到一个地方，都受到原住民的欢迎，并且当地的国王还向他宣誓效忠明朝，派使者随船前往中国进贡。

郑和第五次下西洋又启动了一次番国向中国进贡珍禽异兽的高潮，据另一块天妃碑（"娄东刘家港天妃宫石刻通番事迹碑"）记载："永乐十五年（1417 年），郑和第五次下西洋时，忽鲁谟斯国进贡狮子、金钱豹、大西马（可能是河马）；阿丹国进贡麒麟（即长颈鹿），还有长角马哈兽（可能是犀牛）；木骨都束国进贡花福鹿（可能是斑马），还有狮子；卜剌哇国进贡千里骆驼，还有驼鸡（即鸵鸟）；爪哇国、古里国进贡糜里羔兽（可能是象或老虎）。各国进贡的珍禽异兽，都是从古以来中国人没有听说过的。"

西洋远国使者纷沓而至呈献珍禽异兽，是郑和第五次下西洋中的一个特色，当时在明朝文武群臣中曾轰动一时，给朝廷带来不少欢快的气氛。

这次出使，导致西洋远国纷纷来中国进献珍禽异兽，是有一定的时代背景的。永乐十四年(1416年)九月,在郑和第四次下西洋回国后不久,明成祖朱棣已下决心迁都北京,曾亲自去北京巡视,进行迁都的筹划工作。同年十一月,成祖自北京回到南京,将自己的决定告知工部,指示营建北京的宫殿,同时集合群臣,作出决议说:"北京是当今皇上龙兴之地,北枕居庸关,西靠太行山,东连山海关,向南俯视中原大地,沃壤千里,山川地理形势优越,足以控四夷,制天下,真正是帝王万世之都也,应当迁都于北京。"

于是,工部集结大批工匠,加紧营建北京新都城,新建宫廷内需要增添大量奇珍异宝作为陈设,新建内苑需要大批珍禽异兽加以充实,这就要靠郑和下西洋"入海取宝"来加以解决。所以,永乐十五年(1417年)北京在营建新都的同时,郑和又奉命出使,向各国征求珍禽异兽。这些动物和飞鸟在中国为闻所未闻、见所未见的珍品,在海外各国却纯属自然产物,无须花很大代价便能获得。拿来献给中国却能得到丰厚的回报,还能进一步加强与中国的友好关系,何乐而不为? 于是,趁明朝迁都而充实内苑之机,各国纷纷来献珍禽异兽,就是自然而然的事了。

大批珍禽异兽充实内苑,以供观赏。永乐朝进入全盛时代,海外向化,天下太平。永乐诸大臣纷纷吟诗作赋,称颂永乐盛世,如户部尚书夏原吉在《圣德瑞应》一诗中描述说:

"麒麟呈玉陛(陛指帝王宫殿的台阶),狮子贡金铺(金铺指金子做的衙门环底座,玉陛和金铺都代表皇家)。

紫象灵山种（灵山指越南中部最东端的一港口），骅骝渥水驹（骅骝指骏马，驹是少壮的骏马，渥水指西洋一地名）。驼鸡同鹫鸢（鹫，jiu，一种猛禽；鸢，yuan，即老鹰；鸵鸟长得和猛禽、老鹰一样），文豹拟驺虞（身上有花纹的豹子令人想起古代的动物驺虞，驺虞是古代传说中的一种善良的动物）。福禄身纡锦（斑马身上好像披挂着锦衣，纡，yu，披挂、结扎的意思），灵羊尾载车（有灵性的羊拖着车子）。霜姿猿更异（霜比喻高洁，姿态高洁的猿显得更加奇异），长角兽尤殊。彩槛奇音鸟，雕龙雪色乌（雕着龙的笼子里关着白色的乌鸦）。玄龟三尾曳（黑色的龟拖着三个尾巴，曳，拖的意思），山凤五花敷（敷，铺陈的意思，山凤鸟身上铺陈着五彩的花纹）。"

郑和出海运回各种奇珍异兽，开国人眼界，同时也给予这些动物以很好的保护。我们不妨又拿哥伦布作对比，他从新大陆运回西班牙的不是动物而是一船船的奴隶，路上奴隶大批死亡，遇有风暴就准备将奴隶抛下海去，以致连资助他的西班牙女王都很反感，认为这样做违背基督教教规。

明成祖时，番国也有向中国进贡奴隶的，但遭到成祖的拒绝。如有一次，琉球国进贡阉人，成祖严令退还该国，认为此风不可长，显示了国家仁爱为本的精神。

永乐十五年（1417年）八月，苏禄东国和苏禄西国的两位酋长率领300余人来中国访问，这是继永乐六年（1408年）渤泥国王来华访问和永乐九年（1411年）满剌加国王来访之后又一个海外国家的首脑亲自率领使团来中国进行友好访问。这次访问,也是苏禄国对郑和使团来访所进行的一次回访。明朝政府立即封两位酋长为国王,并赐以金绣蟒龙衣。这年九月,苏禄东国的国王途经德州时因病去世。明成祖朱棣得知后不胜痛悼,命令以王侯的礼节安排祭祀和安葬,并派礼部郎中陈士启前往主祭,赐谥号"恭定"。在祭文中,朱棣赞扬苏禄东国的国王"不惮数万里,率其眷属及陪臣国人,历涉海道,忠顺之心,可谓至矣",还安排其次子和三子在德州守坟三年,让其长子带领其他随从回国继承王位。苏禄国东王墓坐落在山东省德州市德城区北营,1956 年被列为首批山东省重点文物保护单位,1988 年被国务院公布为第三批全国重点文物保护单位。

第二十六章
开展贸易增进友谊

　　永乐十九年(1421 年)，郑和再次出海，进行第六次下西洋的航行，这时郑和已经 51 岁了。这年正月，他接到了出海的命令，虽然此时都城已经迁往北京，但造船中心仍在南京，出发地点也未变，仍像往年一样，船队驶出苏州太仓县刘家港后，南下航行到福建长乐县太平港等待季风，是年十一月再度扬帆出海。

　　这次出使航海的主要任务还是护送各国使臣回国，主要有忽鲁谟斯、阿丹、祖法儿、剌撒、卜剌哇、木骨都束、古里、柯枝、加异勒、锡兰山、溜山、苏门答腊、亚鲁、满剌加、甘巴里、南巫里 16 国的使臣。

　　这次远航，大船队到达苏门答腊后，就分为两个船队：一个分綜船队从苏门答腊去榜葛剌，需要航行 20 天；郑和率领的主船队从苏门答腊经锡兰山到古里，需要 24 天航程。

　　郑和率领的主船队到达古里后，派出几支分綜船队，一支分綜船队去忽鲁谟斯，需要 25 天航程；另一支去祖法儿,需要 10 天航程;还有一支经阿丹去剌撒,需要 20 天航程。

郑和自己则亲率大宝船从古里出发,远涉重洋到达东非海岸的木骨都束(索马里的摩加迪沙)、竹步(索马里的朱巴河河口)、卜剌哇(索马里的巴拉韦)、麻林(肯尼亚的马林迪)和慢八撒(肯尼亚的蒙巴萨)等国。

到达东非后,郑和在宝船上设宴招待当地王侯,并赐丝、瓷、铁器等物。郑和将宴席上使用的器皿、桌椅、屏风、围披等一一分送给他们,各王侯则在各自都城设回宴,王侯们举办的宴会仪式仿照中国习俗,热烈而诚挚,增进了中国与东非各国的友谊。船队靠岸后,官兵们在自己的营地打井汲水饮用,同时在营地外也打井数口,供当地人取水饮用。闻讯而来的原住民对着清澈、甘甜的井水,激动不已。

这次出航,郑和使团进行了广泛的国际贸易,特别值得一提的是在阿丹和祖法儿的贸易情况。上文已经提到,第五次下西洋时,郑和使团已在阿丹国采购了不少特产,这一次采购得更多,由宦官周某率领的分船队在阿丹买到了二钱重的大块猫眼石(石中有活光一缕,又叫碧琉璃)、色泽光艳的宝石、晶莹硕大的珍珠、高达二尺的珊瑚树、五柜珊瑚枝、金铂、蔷薇露以及麒麟、狮子、花福禄(斑马)、金钱豹、驼鸡(鸵鸟)、白鸠等珍禽异兽。交易时,中国人用带来的金币采购当地土产,或用瓷器、丝绸等中国特产和当地人以物易物。

据马欢的《瀛涯胜览》和其他人写的游记记载,阿丹国气候温和宜人，常如八九月，土地肥沃，不但适于多种农副产品的生长，也利于各种珍禽异兽的繁衍，所以其国物质资源颇为丰富。农作物有米、粟、豆、谷、小麦、大麦、芝麻和各色蔬菜，水果有万年枣、松子、葡萄干、核桃、花红、石榴、桃、杏等。家畜有象、驼、驴、骡、牛、羊、鸡、鸭、猫、犬等。该地人民用木料建楼造房屋，所用木料都是极高贵的檀香木。

马欢和其他旅行家观察得很细致，还详细描写了该地的各种奇怪的动物，如羊类有绵羊、羚羊等。绵羊白毛无角，头上有黑毛两团，其颈下毛特多，好像挂着一个袋子，其身上的毛却很短，和狗毛差不多，其尾巴很大，像一个盘子，因此称为大尾无角绵羊；羚羊身上自胸中部至尾巴挂着九块很奇怪的毛，因此称作九尾羊。斑马（中国人称"福禄"）像骡子，脸是白色的，身子也是白色的，眉毛中间隐隐出现细细的青色条状花纹，这种青色条纹向外扩展，以致遍布全身，一直延伸到四蹄，这样的细条纹既好像黑白相间的道路，又好像有人在其身上画青色的花。白色的鸵鸟（中国人称"鸵鸡"）身上也有青白相间的条纹，和斑马一样。长颈鹿（中国人称"麒麟"）前面的两只脚高9尺多，后面的两只脚高6尺，头一抬，颈项长16尺，头部高昂，后面的身子急剧降低，因此人不可能骑在它的身上；它头上有两只角，长在耳边，尾巴像牛尾，身子像鹿，蹄有三趾，口很扁，以粟豆面饼为食物。狮子身体的形状好似亚洲的老虎，全身的毛呈黑黄色，没有斑点，头很大，口很阔，尾巴很尖，有许多毛；这又黑又长的尾巴好像古人衣服上用线绳做成的装饰用的缨带；它吼叫时声大如雷，各种兽类见到它都俯伏在地不敢起来。

以上兽类，今日已司空见惯，人皆能识，可当时90％以上的中国人未见过，所以马欢等大书特书、细细描绘，以令国人扩展见识。

上文也提到五次下西洋时，郑和使团曾在祖法儿国采购特产。第六次西航时，中国船队停泊该国，又进行了贸易。这次贸易具有民间交易的特色，不刻意寻求上层统治者需要的珍宝奇玩等奢侈品，而是用中国产的纻丝、瓷器等生活用品换取该地的乳香、血竭、芦荟、没药等香料和药材。

永乐二十年(1422年)八月十八日，完成了第六次西航的郑和船队回到了国内，随船来中国访问的有暹罗、苏门答腊和阿丹等国的使节。

第二十七章
出使旧港
支持华侨领袖

  郑和回国后休整了一年多,永乐二十二年(1424 年)正月又奉命出使旧港。

  郑和出使旧港的目的,是任命施进卿的女儿施二姐承袭宣慰使之职。当时,原旧港宣慰使施进卿已死,其子施济孙和其女施二姐争夺继承宣慰使的职位,但明朝原已明文规定,宣慰使一旦逝世,职位不能传子,须另选贤能担任。如果施济孙承袭此位,就和原有的规定相抵触。而施二姐若要承袭此位,因她是女儿,则不触及原规定。施进卿生前,就有意培养施二姐,有时让她代理自己的职权,施进卿一死,施二姐即成为旧港华裔事实上的领导人,一切赏罚任免都由她做主。郑和到此,只能承认既成事实,代表明成祖赐予施二姐正式的宣慰使称号。

  施二姐在明朝政府的支持下,做稳了旧港宣慰使,确立了在旧港地区的统治地位。后来,随着郑和下西洋的事业结束,明朝在海外的影响力渐渐衰落,旧港宣慰使的作用也渐减,施二姐就移居爪哇东部良港新村,而且被爪哇国国王封为新村的蕃舶长，专门从事贸易事业。这时，施二姐不但家财盈万，还拥有众多船只。爪哇新村居民约有千余家，多为中国广东及漳州、泉州人。在施二姐的努力开拓之下，新村成为当时商业中心和国际贸易的重要港口。施二姐不但是当时南洋华侨的领袖，为当时新村的蕃舶长，更重要的是施二姐一手培养了当地教长索朗·吉瑞(Soenang Giri)。索朗·吉瑞后来被爪哇尊为圣人，说明施二姐在爪哇历史上贡献之大。由此可见，永乐二十二年(1424 年)郑和旧港之行，支持了施二姐，因而对南洋华侨历史的发展，作出了积极的贡献，产生了深远的影响。

郑和这次出使旧港，因是短程航海，没有计算在七次下西洋之内，但在他出使期间，国内发生了一件大事：明成祖朱棣驾崩了。

朱棣是在亲征途中病逝的。作为一代雄君，他多次御驾亲征。战场是发挥和表现他的英勇和果敢的最好场所。他曾亲手斩杀过不少敌人，虽贵为天子，但在战场上反复冲杀驰骋，从不吝惜自己的千金之躯。

郑和第六次下西洋期间，永乐二十年(1422 年)三月，63 岁的成祖，仍然豪气万丈，率军亲征阿鲁台，还自编《平虏曲》让将士教唱。七月，在一次遭遇战中，他甚至"亲自率前锋队冲入敌阵，斩首百余级，敌人畏惧他的神威，都吓得四散逃跑"。

八月，成祖凯旋回师，于九月到达京城，同时，郑和也在八月完成第六次出使任务，回京复命。

　　这两个伟人——朱棣和郑和，就地位来说，两人一君一臣，但就事业上来说两人是相辅相成的伙伴。一个在北方领着骑兵，一个在南方带领着水军；一个在草原上逞雄，一个在海洋上扬威，赖这二人之力，大明朝的国威达到全盛。此时此刻，两人都凯旋，巧妙地会合在北京，新建的都城也因此而越发灿烂夺目。

　　可是，这是他们最后一次演出"双雄会"，郑和复命后就回南京休整。但成祖作为一国之主，却没有很多优游修养的时间，永乐二十一年（1423年）秋天，又有边将汇报，说阿鲁台似有再度南犯之意，已经64岁的成祖说：

　　"去年秋季强虏南犯，朕已经亲率大军捣其巢穴，现在他们又打错了算盘，以为朕既然打了一次胜仗，必然在京休养生息，不会复出，所以胆敢来犯，朕偏偏出其不意，先率兵驻塞外以逸待劳，只要他们轻举妄动，朕就可以立刻将之攻破。"

　　于是，他又率军北征，出塞后就听说阿鲁台为瓦剌所败，遂在十月班师，十一月回到京师。

　　永乐二十二年（1424年），郑和奉命出使旧港。出发时，他并没有意识到此后再也见不到自己的提拔者和知遇者成祖朱棣了。因为该年阿鲁台又内犯，成祖再度亲征，结果途中患病，在榆木川（今内蒙古多伦西北）驾崩。

　　成祖驾崩的时间是永乐二十二年（1424年）七月，享年65岁。八月发丧，皇太子朱高炽即位，是为明仁宗。

　　郑和多彩多姿的一生，除其本身的才能外，多半得归功于明成祖这位"伯乐"识得他这位"千里马"。现在"伯乐"死了,是否会影响"千里马"日行千里的雄风呢?

答案是肯定的。历史上不乏这样的例子:随着"伯乐"的逝去,"千里马"失去了精神鼓舞者和赏识者,孤掌难鸣,便再无建树了。诸葛亮的"伯乐"刘备逝世后,他独自一人,无论怎样鞠躬尽瘁,也无法实现最初的计划。魏征与唐太宗互相尊重,君臣十分相得,共同创建"贞观之治",魏征死后这种开明的君臣相处之道也告结束。李白和杜甫在盛唐诗坛齐名,互相赏识鼓舞,李白遭难被流放,杜甫写下《天末怀李白》等诗,自己也流寓南方,寻找李白的踪迹,结果潦倒而死。哥伦布获得西班牙伊丽莎白女王的赏识和资助,发现了新大陆,并先后四次在古巴、海地等岛屿探险。1504 年 11 月,女王病重去世,哥伦布饱尝苦涩凄切后也于 1506 年 5 月 20 日去世了,享年55 岁。

历史上的英雄们往往有相对应共生共长的现象:两位英雄同时产生,惺惺相惜,互相依靠,同舟共济,肝胆相照,缺一不可。

明成祖朱棣和郑和这两个时代英雄,就是共生共长的精英。郑和出使旧港归来,才知道他最虔敬、最信赖和最仰仗的皇帝已经死了,且他立刻遭到冷遇和排斥。仁宗一上台就宣布"罢西洋宝船"(停止下西洋的航行),并且取消各项国外采购计划,也就是停止对外贸易,而郑和从此面临的便是长达九年四个月(从六次远航归来的 1422年八月算起,到 1432 年一月驶上第七次远航的征程为止)的赋闲和被冷遇的生涯。

第二十八章
监督修筑南京报恩寺

　　仁宗的"罢西洋宝船"之令,是采纳户部尚书夏原吉的建议而发布的。

　　夏原吉是明朝重臣,历事三朝(成祖、仁宗、宣宗),主管财政27年,还参与军事决策,多次随从成祖出征,史书上说他"善持大体,有古代大臣的风格,下级有好的建议,立即采纳,对犯有小过错的人都为其掩护"。

　　成祖在世时,郑和下西洋六次,耗资巨大,夏原吉作为财政大臣,煞费苦心,为之筹措经费。因成祖信任郑和,夏原吉不敢反对。

　　永乐十九年(1421年)成祖打算亲征阿鲁台的时候,曾召当时担任户部尚书的夏原吉等人商议,他们都表示"兵不宜出"。同时,夏原吉以财政大臣的身份向成祖报告,累年出征的结果,国家的军马和钱粮储蓄,已经耗去十分之八九,内外俱疲;又以皇帝年事已高,需要调护为由,主张即使定要兴兵,只需遣将往征即可,不必亲劳圣驾。

　　成祖当时锐意亲征沙漠,哪里听得下这些逆耳之言,因此十分震怒,立刻将夏原吉下狱。

　　成祖早就患有多种疾病,永乐二十二年(1424 年),最后一次征阿鲁台,完全扑了个空,胡虏都闻风远遁。成祖还不甘心,下令大军深入,其前锋追至今蒙古国的北方。成祖命令分兵穷搜山谷,始终没有发现敌人踪迹。成祖不得已,只好带兵回国,因劳而无功,将士情绪十分低落,身体也非常疲惫,早已患重病的成祖更是雪上加霜,奔波劳累,身体无法支持。回国途中,他曾向随行的大学士杨荣等人说,太子历练政事已久,政务已熟,表示回京后想把大权交给太子,以便"优游暮年,享安和之福"。没想到还没到京师,他就驾崩于榆木川。在死前的最后时刻,他想到了夏原吉的话,很感慨地对左右说:"原吉爱护我!"他对自己没听从夏原吉的劝告,感到后悔。

　　就这样,夏原吉凭成祖的一句话,在遗诏先行到达京师后即获得释放。有人告诉他成祖临终之言,夏原吉以一片忠诚之心,当场伏地痛哭失声。

　　他是一名忠臣,这一点无可否认。他反对下西洋之举,有其财政上自认为难以克服的因素。当时的士大夫,一般都认为下西洋和迎送各国朝贡的来使,是一件令中国财政吃不消的弊政。

　　加上明仁宗本人,对成祖时代的挥霍作风也很不以为然,所以下西洋的出使活动被取消是很自然的事。这样就使得郑和的第六、七次下西洋间,出现了长达九年的间隔。

　　当然,上文已说过,这期间郑和有一次单独出访旧港的活动，但航程很短，可以忽略不计。

成祖不在了，下西洋的活动取消了，郑和做什么呢？

郑和手下有一大批跟随他下西洋的官兵，必须予以安排。明仁宗洪熙元年（1425年），诏命郑和手下的官兵，守备南京。

仁宗即位的第二个月（尚未改元，永乐二十二年九月）开始设置"南京守备"一职。以成祖时数度随驾北征而甚得成祖器重的襄城伯李隆担任这一要职。

既然有一个正式的"南京守备"李隆，要郑和留在南京做什么事呢？

洪熙元年（1425年）二月，皇帝的命令中分配给郑和的工作权限是：有关原下西洋官军内部的事务，与宦官王景弘、朱卜花、唐观保等人协同管理，遇有外部的事务，则同主持南京政务和军务的南京守备襄城伯李隆、驸马都尉沐昕等商议妥当，然后施行。由此可见，李隆虽然是南京的军事首长，但郑和身为"守备太监"，仍有监督权。

三月，仁宗有意将来还都南京，诏北京各机关都加上"行在"二字。

可是到五月，仁宗即崩逝，享年48岁，在位不到一年。太子朱瞻基即位，是为明宣宗。六月，新皇帝命令边境守将及南京等处军事长官严加守备。

这时，郑和仍然率领着下西洋官兵守备南京。

夏原吉进入他"历事三朝"的第三朝——宣宗朝。

郑和在南京担任守备太监的时间，如果从明仁宗洪熙元年（1425年）二月接到任命时算起，以宣德五年（1430

年)六月奉命做第七次西航的那一天为截止期,总共有五年四个月,这段时间郑和的年龄是 55 岁到 60 岁。

期间,明朝政府还是有些外交活动:宣德元年(1426年)派遣外交官黄原昌前往占城;宣德二年(1427 年)命令太监侯显出使乌斯藏诸国;来中国进贡的有占城、琉球、爪哇、暹罗、苏门答腊、满刺加、榜葛刺等国。

郑和身在南京,职责是监督地方军队,无权过问这些外交事务,但却因一件小事受到宣宗的斥责:在南京指挥修理宫殿的工部郎中冯春启奏皇帝,请求朝廷除了赏赐建筑宫殿的工匠外还一并赏赐修建南京佛寺的工匠。宣宗对这个建议感到非常不满,不知什么缘故,他认为冯春的建议必定是郑和所指使,于是命令司礼监下旨告诉郑和,以后不许妄请赏赐。宣宗的谕旨说:

"佛寺由僧侣们自己出资建造,与朝廷毫不相干!冯春的建议,必然是郑和等指使的。为此事单单责备冯春,不足以解决,还必须派人向郑和宣旨,告诉他应遵守礼法,不能凡事都向朝廷伸手,打朝廷的主意。今后一切与礼法无关的事情,不能随意提出申请。"

此事内情究竟如何不得而知,但郑和是当时南京地区地位最高的太监,宣宗怀疑冯春的建议必是太监所指使,所以下旨责备领头的太监郑和。

当年成祖在时,他每有陈请都得到成祖的嘉许,可是此一时彼一时也。此时此刻郑和的不快和郁闷可想而知。

郑和在南京担任守备太监期间,还奉命监督南京大报恩寺的完工。

　　大报恩寺是明成祖为了报答高皇后(或说是报答生母硕妃)之恩而于永乐十年(1412年)动工修建的。当年成祖命令太监汪福等人监工,动员军队的工匠和兵士以及民间的匠人、役夫等十万人修筑。可是直到成祖、仁宗相继病逝,宣宗即位也已三年,该工程还是没有完工,前后已经过了十六七年。对此,宣宗感到非常不悦,就在宣德三年(1428年)三月十一日,下了一道命令给郑和:

　　"太监郑和等:南京报恩寺自永乐十年十月十三日兴工,至今十六年以上,尚未完工。一定是负责监工的内外官员将工匠、役夫等调作他用,虚费钱粮,以致迁延日久。今特地命令你们接管此事,务必用心监督未完成的工程,一切建筑事项,于今年八月以前,都要完成。如果再迟误,追究监工者的责任。"

　　于是,郑和运用他的领导能力,监督大报恩寺最后阶段工程的进行。他按照成祖的指示,于当年八月就结束了工程(但有一种记载说,收尾工程到宣德六年才完成)。

　　大报恩寺是南京三大寺之一,据说其基础都用木炭为底,方法是先插木桩,然后放火燃烧,等待化为烬炭后,再用重器压之,使之扎实,其目的是使地质不再变迁。

　　大报恩寺建筑得十分华丽壮观,真称得上鬼斧神工。报恩寺规模宏大,以佛殿、天王殿、宝塔为主体,其中九层八面的琉璃宝塔最为著名。据记载,永乐年间海外使者来进贡时,大都要去参观尚未竣工的报恩塔,瞻仰后外国使臣们必定顶礼赞叹而去,说是寻遍四大洲(佛经上说的四大洲,即东胜身洲、南瞻部洲、西牛货洲、北俱卢洲)都

郑和监督修筑报恩寺图

找不到第二座这样巍峨的塔，被誉为"天下第一塔"，位列中世纪七大奇迹之一。

郑和不仅仅监督大报恩寺最后阶段的工程，而且将下西洋节余下来的金钱百余万全部用于建筑这座令人叹为观止的大寺。

大报恩寺修建好后，历经多次灾变和重建。清朝咸丰年间，太平军将其彻底烧毁，以后虽然重建但规模要小得多。

1942 年，驻扎在南京的日本侵略军无意之间在该寺遗址发现了玄奘的遗骨，当时这所大寺已经变成了金陵兵工厂的一个小丘。部分玄奘舍利现藏于南京灵谷寺内。

2010 年，大报恩寺被列为南京市重大重建工程。2011 年，被评为全国十大考古新发现。2013 年，被国务院公布为全国重点文物保护单位。2014 年，重建主体完工。2015 年 12 月，大报恩寺遗址公园正式对游客开放。

第二十九章
刻立下西洋事迹碑

宣德五年(1430年)六月,明宣宗突然发布一道命令,指示已经 60 岁的郑和,准备第七次下西洋。

其实,在下这道命令之前,此事已经酝酿几个月了,人员、船只、钱粮等项目都已开始部署。

宣宗为什么突然发布这道命令呢?因为他发觉自己嗣位以来,诸番国中,距离中国较远的都还没来朝贡,于是才命令郑和及王景弘再度出使忽鲁谟斯等 17 国。

也许宣宗朱瞻基早就打算恢复西航了,他是经历过永乐盛世的,曾亲眼目睹他祖父在世时那种"万国来朝"的盛况。如永乐十一年(1413年)五月端午节,明成祖朱棣驾临东苑,观看击球、射柳等娱乐比赛,邀请文武群臣、外国使节、在京的元老耆宿一同前往参观。在比赛活动进入高潮时,朱棣感奋于各国使节齐集的盛况,寓意深长地对皇太孙朱瞻基说:"今天中外精英人物群集一堂,朕有一个上联,形容此盛况,你应当开动脑子,想出对应的下联。我的上联是'万方玉帛风云会'。"朱瞻基随即应对说:"一统山河日月明。"在座的都赞叹朱瞻基才思敏捷,成祖也十分满意。

朱瞻基在位时,虽没有创立他祖父那样的雄伟大业,但也把国家治理得井井有条、国泰民安。史书上说他当政后"吏称其职,政得其平,纲纪修明,国家富足,民间安乐,没有自然灾害,民气渐渐舒展,国力蒸蒸日上,有治平之象"。他见前来朝贡的国家日益减少,便想恢复乃祖创立的西航事业,发展与海外诸国的友好关系,但因提议取消下西洋的财政大臣夏原吉力阻,几次这样的尝试都没有成功。宣德五年(1430年)正月,夏原吉去世了,阻力已不存在,他就可以顺心畅意地于该年六月下旨恢复下西洋了。

人亡政息。夏原吉死了,下西洋重新开始,宣德十年前后,郑和、明宣宗相继去世,下西洋就永远停止了。

郑和似乎已预知宣德六年(1431年)的这次出航将是他一生中的最后一次,所以他要利用这一次机会,为奋斗一生的事业做一个总结。

因此,他在接到命令之后,花了一年半时间,理清千头万绪,一方面要立碑总结前六次下西洋的功绩,另一方面要为最后一次出航做充分的准备。

他于宣德五年闰十二月六日(1431年1月19日),率领船队从南京龙江出发,二十一日抵达刘家港,驻留一个月,修建天妃宫,并且亲自撰写和指挥刻立"娄东刘家港天妃宫石刻通番事迹碑"(简称"娄东碑"),记述历次下西洋和天妃显灵的事迹,并记下在各番国来回的年月,以昭

示永久，成为后世研究郑和各次出使年代及所经历国名
的重要资料。

碑文首先推崇天妃"威灵布于四海，功德著于太常（太
常是旗的名字）"，然后概述下西洋的历程："郑和等自永
乐初，奉使诸番，今经七次，每统领官兵数万人，海船百余
艘，自太仓开洋（开洋即开航的意思），由占城国、暹罗国、
爪哇国、柯枝国、古里国，抵于西域忽鲁谟斯等三十余国，
涉沧溟（沧溟指大海）十万余里。"

这里所说"三十余国"，是指郑和大䑸船队所主要访
问过的国家，并不包括郑和船队分䑸访问过的所有国家
和地区。碑文接着又回顾了航海的艰险，与天妃的"神
功"：

"观夫黯波接天（夫，指示代词，那、这；黯，这里代表
黑色），浩浩无涯，或烟雾之溟濛（溟濛，模糊不清貌），或
风浪之崔巍（崔巍，高大貌）。海洋之状，变态无时，而我
之云帆高张（云，比喻多），昼夜星驰（星驰，指如流星飞
驰，形容迅速），非仗神功，曷克康济（曷，疑问代词'为什
么'；克，能够；康，安宁；济，渡过水面的意思；全句的意思
是'为什么能够平安地渡过大海'）？直有险阻（直，即
使），一称神号，感应如响，即有神灯烛于帆樯（烛，此处为
动词，照耀的意思），灵光一临，则变险为夷（夷，平坦的意
思），舟师恬然（恬然，心神安定的意思），咸保无虞（咸，
全、都；虞，忧虑的意思），此神功之大概也。"

郑和下西洋，海路险阻，船队全体人员抱着坚定的目
标，靠自己的力量和意志，与恶劣的气候、风浪作斗争，克

服了种种海上的艰险，可歌可颂。但对天妃的信仰也是一种不可或缺的精神鼓舞力量，它加强了全体船员战胜海上险阻的斗志。这种精神上的作用，对舟师"变险为夷"往往能起到决定性的作用。这就是所谓"神功"的功用。同时，对天妃的信仰有助于抑制使团成员对海路艰险的畏难情绪。此外，对外宣扬天妃保护船队的"神功"，下西洋的事业就带有神秘色彩，在一般人中具有号召力，使更多的敢于冒险者加入这项事业中来，并且也扩大了下西洋事业的影响。

郑和下西洋，不但要和大自然作斗争，而且要与沿途的海盗和敌对势力作战，维护海路航行的安全。碑文中对这方面的战事也有记述："及临外邦，其蛮王之梗化不恭者（梗，阻塞；化，教化；梗化是抗拒教化之意），生擒之；其寇兵之肆暴掠者（寇，强盗），殄灭之（殄，灭绝的意思），海道由是而清宁，番人赖之以安业。"以上说的战事包括在旧港生擒海盗头目陈祖义、在苏门答腊国诛除伪王苏干剌以及在锡兰山国俘获其国王等。这些事迹本书前已叙及。

碑文还说到第七次下西洋前郑和重新整修刘家港天妃宫和下洋官兵一齐来到宫内瞻礼天妃神像以求保佑的情景："若刘家港之行宫（行宫即指天妃宫），创造有年，每至于斯（斯，指示代词'此地，这里'），即为葺理（葺，这里做动词用，'维修'的意思）。宣德五年冬，复奉使诸番国，舣舟祠下（舣，音 yi，附船着岸），官军人等瞻礼勤诚，祀享络绎（享，这里做动词用，'祭献、上供'的意思；络绎，'接连不断'的意思)。"

碑文的后半部分记录了每一次出使西洋的年月和到过的国家,以昭示后人。可惜的是,娄东刘家港天妃宫石刻通番事迹碑原碑今天已经遭毁无存,其碑文保存在明朝钱谷、张寅、顾炎武等人著作中。据他们的记录,参与立碑的有正使太监郑和、王景弘,副使太监李兴、朱良、周满、洪保、杨真、张达、吴忠,都指挥朱真、王衡等人。王景弘以下 10 人,都是永乐以来与郑和共下西洋的老资格的航海家与外交家,是郑和亲密的助手和同僚。

另外,在开航前一个月(宣德六年[1431 年]十一月),郑和等 11 人又在福建长乐县的南山寺,刻立天妃之神灵应碑,碑额用大篆体刻写"天妃灵应之记"几个字,此碑又名南山寺碑,同样也成为后世研究的重要资料。

南山寺碑的碑文开宗明义,道出了下西洋的性质:"皇明混一海宇(编者:混一,"统一"的意思;海宇,"海内"的意思,指"四海之内之地"),超三代而轶汉唐(轶,"超越"的意思),际天极地(际,作动词用,"到达、接近"的意思;极,也作动词用,"穷尽"的意思,全句的意思是"高达接近天的地方和穷尽各方的土地"),罔不臣妾(罔,"没有"的意思;臣妾,帝王对所属臣属的称谓,男为人臣,女为人妾;全句意思为"没有人不向皇帝称臣的"),其西域之西,迤北之国(迤,"延伸、往"的意思),固远矣,而程图可计(程图,即"程途,路途";图,古代地方单位)。若海外诸番,实为遐壤(遐,"远"的意思),皆捧琛执贽(琛,珍宝;贽,初次求见人所送的礼物),重译来朝(重译,通过语言转译)。皇上嘉其忠诚,命郑和等率官校旗军数万人(校,军衔名),乘巨舶百余艘,赍币往赍之(前一个"赍"字是带着的意思,后一个"赍"字是以物送人的意思),所以宣德化而柔远人也(柔,作动词用,"安抚"的意思)。"

碑文开首不言天妃,而是对下西洋之事给予总的概括。因为郑和下西洋之举,并非由天妃的意志决定的,而是明朝以历代所未有的规模发展海外关系的产物。中国古代的汉唐盛世,从军事上打通了陆上的丝绸之路,发展了对西域各国的关系。从此以后,由陆路到西域各国访问,其路途可以计算,派遣使臣,计日可到。可海外各国,仍是真正遥远的地方,海路遥远,究竟相距多少里无法计算。明朝以前,海外诸番国,对中国来说,多数是陌生的世界,视为畏途。汉唐虽强大,只能称陆上大国。明成祖派郑和等七次下西洋,才使中国一跃成为海上大国。就从海路发展以及与海外诸国的关系而言,汉唐无法与明代相比,明代之前的一些注重海上交通的朝代,包括宋、元在内,也远远比不上明朝。南宋虽然有广泛的对外贸易,但因国力有限,无法建立强大的水师出海。元朝虽然疆域广大,其威慑力也只是靠战马奔驰于陆上,一下海就处于劣势。唯有在明成祖和郑和的时代,中国的水师才扬威东南亚、印度洋和东非,次大陆、阿拉伯世界以至非洲的国家才向中国称臣纳贡。所谓"重译来朝",是指这些国家的使节过去从未到过中国,为克服语言上的障碍,只好采用先将本国的语言文字翻译成历来同中国有往来的国家的语言文字,再转译成汉族语言文字的办法,来同中国通好。所以说,南山寺碑开头就对下西洋的事迹作总括性的说明,很有大国雄风和气魄。

南山寺碑比娄东碑更好地表述了郑和船队征服海洋的英雄气概:"观夫海洋(编者:夫,指示代词"那、这"),洪涛接天,巨浪如山;视诸夷域(诸,众、各),廻隔于烟霞缥缈之间。而我之云帆高张,昼夜星驰,涉彼狂澜(彼,指示代词"那、那些"),若历通衢(通衢,"四通八达的大道")。"当然,碑文也把西航的辉煌成就归功于"朝廷威福"和"天妃之神佑。"

碑文也记述了长乐南山寺天妃行宫的建造经过:"今年(宣德六年,1431年)春,仍往诸番,舣舟兹港(舣,附船着岸;兹港,指长乐太平港),复修佛宇神宫,益加华美。而又发心施财,鼎建三清宝殿一所于宫之左,雕妆圣像,灿然一新。钟鼓供仪,靡不具备(靡,"没有"的意思)。佥谓如是,庶足以尽恭事天地神明之心。众愿如斯(如,动词"往,到";斯,指示代词"此地,这里";全句为"众人愿意来到这儿"),咸乐趋事(咸,全、都;全句为"都高兴地投入修建工作"),殿庑宏丽(庑,堂周的廊屋),不日成之。画栋连云,如翚如翼(翚,羽毛五彩的野鸡)。且有青松翠竹,掩映左右。神安人悦,诚胜境也。"郑和第七次下西洋驻军长乐期间,只用很短的时间,就整修好了天妃宫,还添建三清宝殿一所。这些下洋官兵,在被冷落了六年之后一旦再度被启用,立即表现出对事业的高度热忱,众人都满怀热情地来到天妃宫旧址,高兴地投入修建工作,干得十分出色,工作效率极高;除了建设房屋外,还添置了不少祭祀用品。

1981年10月福建南平市发现了一座铜钟，从其铭文来看，它正是郑和使团为供奉于新建的三清宝殿之内而铸造的。

郑和使团第七次下西洋，重整旗鼓，出发前仪礼的隆重，较前六次有过之无不及。碑文中还有一段是郑和使团领导成员的"自白"："郑和等上荷圣君宠命之隆，下致远夷敬信之厚，统舟师之众，掌钱财之多，夙夜拳拳，唯恐弗逮。敢不竭忠于国事，尽诚于神明乎！"这说明郑和等深感所负使命的神圣，所系责任的重大，不能不诸事尽力而为之。

南山寺碑和娄东碑互相印证，是为姐妹碑，都记下了在各番国来回的年月，成为郑和下西洋的最有力的物证。

第三十章
郑和古里逝世

　　宣德六年十二月九日（1432 年 1 月 12 日），郑和船队驶出福建长乐五虎门，驶上了第七次下西洋的征程。

　　据明朝学者祝允明的著作《前闻记》记载，这次远航大艨宝船所到之国及其航程，如果按公历计算，是这样的：1432 年 1 月 27 日到占城。3 月 7 日到爪哇的苏鲁马益（今泗水），在此停留了 4 个多月。7 月 24 日到旧港。8 月 3 日到满剌加。9 月 13 日到苏门答腊，在这里停留了 50 天。11 月 28 日到锡兰山国的别罗里港。12 月 10 日到古里。1433 年 1 月 17 日到达忽鲁谟斯，在忽鲁谟斯停留了 50 天。3 月 9 日开始返航。3 月 31 日到古里。4 月 25 日到苏门答腊。5 月 9 日到满剌加。6 月 10 日到赤坎（今越南顺海省藩切南之格嘎角）。6 月 13 日到占城。7 月 7 日回到国内太仓刘家港。

　　除了大艨宝船外，在苏门答腊停留时，郑和曾派出一支船队经溜山到达非洲东海岸的木骨都束、不剌哇、竹步；在古里停留时，又派出一支分船队到阿拉伯半岛的祖法儿、阿丹、剌撒；还在途中派出一些船只到亚鲁（又名阿鲁，位于今苏门答腊东北沿岸）、南巫里、柯枝、加异勒、甘巴里等国。船队到达古里后，太监洪保曾选派七人包括一名通事，随在古里的天方（麦加）船只，访问了天方国。在那里买到珍宝、异兽，并请人画了一幅《天堂图》，回京奏于朝廷。

据近人考证，郑和在古里病逝，其遗体未运回中国，埋骨他乡，船队由王景弘等指挥，回航中国，从此大规模下西洋的远航也停止了。

第七次下西洋中应详述的事件有如下几项。

首先是对暹罗国王进行敕谕。自洪熙元年（1425年）郑和船队停航以后，中国对海外诸国的影响随之减弱，永乐年间由郑和使团所解决的某些海外国家的矛盾，因之重新出现，甚至趋向尖锐化。宣德六年（1431年）二月，满剌加国使团头目巫宝赤纳率使团来到北京，向明宣宗朱瞻基陈诉说："我满剌加国王一直想亲自来中国朝贡，可是被暹罗国王强力阻拦，无法前来。暹罗国总是在图谋侵害我满剌加国，我国想上书启奏中国朝廷，但国内没有会书写中文的能人，因此我国国王命令我们三人偷偷地搭上苏门答腊的进贡船只来到北京，请求中国朝廷派人警告暹罗国王，叫他不要肆意欺凌小国，我国不胜感激之至。"

本书上文已说过，永乐年间郑和使团数次访问满剌加和暹罗，帮助满剌加赢得独立，使暹罗不敢肆意欺凌满剌加国。现在郑和船队久久不下西洋，暹罗又故态复萌，满剌加不堪欺凌,偷偷派使者来中国,再次请求庇护。因此,派使者敕谕暹罗国王,肯定是明宣宗下旨令郑和第七次下西洋的重要原因之一。明宣宗让巫宝赤纳等3人搭乘郑和的宝船回国,使之能安全到家,同时令郑和船队带着他的敕谕面交暹罗国王,敕谕中说:"朕作为大中国的皇帝,主宰天下各邦,国家无论大小,朕都一视同仁,你国能恭敬地认识到中国朝廷的强大,屡次派遣使者来中国朝贡,朕接受你的一片诚心。最近听说满剌加国王打算亲自来中国进献朝贡,却被你国的国王阻止不能前来。朕仔细揣度这件事的情形,料想阻挠满剌加国王来中国必定不是你国国王的本意,而是你国国王左右的臣僚不能深谋远虑,阻挡道路,与邻邦为难,使之无法朝贡,甚至向邻邦挑衅,这种蛮横手段,难道是长久保持你国富强的方略?你国国王应该遵守朕的法令,实行睦邻通好的外交路线,告诫你国负责外交的官吏,不要肆意侵凌欺负小国,只有这样做,才能表明你国国王能够敬重上天,奉待大国,保国安民,和睦邻境,因而符合朕的国家不论大小均一视同仁的宗旨。"

暹罗国王阻止满剌加国王来中国访问,明显的是要疏远满剌加与中国的关系,以便进一步控制满剌加。在永乐朝,正由于满剌加和中国建立了比较密切友好的关系,才使满剌加摆脱了暹罗的控制。明宣宗朱瞻基对这一段历史自然是清楚的,怎么会不明白暹罗国王对满剌加实行封锁的用意呢?但朱瞻基不正面谴责暹罗国王,而是通过责备"你国国王左右的人"达到敕谕暹罗国王的目的，很讲究策略。这样，既可以避免进一步激化暹罗与满刺加之间的矛盾，又不伤暹罗国国王的面子，利于发展中国和暹罗之间的友好关系，也就有利于问题的解决。

郑和船队于1432年8月3日（宣德七年七月八日）到达满刺加，先护送巫宝赤纳等回国复命，然后派专使坐船前往暹罗，宣读明宣宗朱瞻基的敕书。暹罗国王接了敕书，表示谢罪。为了完成调解暹罗和满刺加关系的使命，郑和船队停泊在满刺加港口，忙了一个月，直到1432年9月3日（宣德七年八月八日）前后才起锚离开，在海上行驶了10天，于9月13日（宣德七年八月十八日）到苏门答腊国，停留休整，同时派分船队前往其他地区访问。

第二件事是船队首次在翠兰屿（即今孟加拉湾东南部尼科巴群岛）停泊。翠兰屿又名裸人国。据传说，佛祖释迦牟尼曾经过此地，在河中洗浴，被当地的小偷窃去其袈裟，佛祖发誓说："此地民众如有穿衣服的，必烂其皮肉！"从此以后，该国的男女都削发，不穿衣服，只用树叶遮蔽身体前后。这类奇闻激发了郑和船队船员们的好奇心，早就盼望到翠兰屿实地观察究竟，但前几次船队经过该岛屿时，因它不是要访问的国家和地区，郑和未准许船队停留。而第七次西航经过时，忽遇大风雨，船队只好在此抛锚，船员们得以上岸游览一番。据费信所记，这一天是宣德七年十月二十三日（1432年11月15日），船员们看到的景象和传说相符，当地人果然不穿衣服，仅用树叶纫结而遮前后。岛上不种米谷，原住民靠用网捕鱼虾和采集香蕉、椰子为生。

　　但仔细分析起来,这种不穿衣服的风俗和佛祖无关,因此地位于热带,社会形态又处在原始聚落阶段,原住民用树叶纫结遮蔽前后,纯属与之相适应的一种自然形态。

　　船员们在岛上采集椰子等水果吃,与原住民以物易物,痛快地玩乐了3天。

　　第三件事是船队成员在天方从事贸易,收购珍异物品。天方指阿拉伯地区,即今麦加一带,远在忽鲁谟斯以西,郑和本人可能没有到过。

　　第七次下西洋途中,郑和的大䑸宝船离开裸人国翠兰屿后,便驶向锡兰山国,于1432年11月28日(宣德七年十一月六日)到达锡兰山国的别罗里港。四天后,郑和船队从锡兰山别罗里出发,继续航行。除了派一些分䑸船队访问沿途小国外,还派太监洪保率分䑸船队前往古里,郑和自己则带领大䑸船队乘信风兼程赶往忽鲁谟斯。1433年1月17日(宣德七年十二月二十六日),郑和的大䑸船队到达忽鲁谟斯。

　　洪保率领的分䑸船队于1432年12月10日(宣德七年十一月十八日)到达古里,与各国商人贸易,遇见一些来自天方的船只。中国船员中有不少穆斯林,很想去天方朝圣,洪保批准七人随天方的船只前去,内中有熟悉阿拉伯语的通事一人,携带麝香、瓷器等中国土产去了一年才回来,买回各色奇货异宝、麒麟、狮子、鸵鸟等物,并画天堂图真本回京。当地的默伽(今麦加)国王也派遣使者携带当地土产随中国船员来北京朝贡。

　　这座清真寺,当时称礼拜寺,又叫天堂,上文所谓的

"天堂图",就是指的这座清真寺的写真画本。天堂礼拜寺呈四方形,整个建筑高大深广,金碧辉煌。以黄金为佛像,以玉为座。礼拜堂的周围好像一座城市,有城门466扇。礼拜堂靠6条大梁构成,都是用沉香木制造。堂上的楼阁都用黄金装饰。礼拜堂的地面铺的都是黄甘玉石。每天用蔷薇露和龙涎香涂刷礼拜堂的四壁,馨香不绝。礼拜堂的柱子都用白玉石制成,有467根,前面有99根柱,后面有101根柱;此外,左侧还有柱子132根,右侧还有柱子135根。可见这礼拜堂之大。礼拜堂挂满帐幔,都用纻丝织成,全部采用黑色。礼拜堂前放置着两座黑色的狮子雕塑。礼拜堂围城的四角,都建有雄伟多层的宝塔,以供礼拜者登高俯瞰天堂礼拜寺全景;此外,还有传授伊斯兰教经典的讲堂,全是用五彩灿烂的石块砌成。

据马欢的《瀛涯胜览》记载,天方国四时长热如夏,属亚热带气候;无雨露霜雪,夜露甚重,草木都靠露水滋养;适宜于各种动植物的生长繁衍,农作物米谷很少,普遍种植粟麦、黑黍,有瓜菜,大的西瓜或甜瓜需要两个人才举得起;牲畜有骆驼、马、驴、骡、牛、羊、猫、犬、鸡、鹅、鸭、鸽,鸡鸭有重十斤以上的;土产有蔷薇露、香料、麒麟、狮子、驼鸡、羚羊、各色宝石、珍珠、珊瑚、琥珀等;市场上常有豹、鹿、犀角、金银、金刚钻、羚羊角等出售;使用金银、布匹、色绢、青花白瓷器、铁鼎等作为货币;每天中午没有人做生意,日落之后人们在夜市上买卖货物,这是因当地太阳光十分炽烈灼人的缘故。

最后一件事是船队返航时郑和不幸病逝。过去学界普遍认为郑和卒于明宣宗宣德十年(1435 年),也就是第七次下西洋回国后才逝世并葬于南京。但当今有学者根据新发现的资料,认为郑和在船队返航时,因积劳成疾,于 1433 年 4 月初病逝于古里。据记载,大舻船队返航于1433 年 3 月 31 日(宣德八年三月十一日)到达古里,然后于 1433 年 4 月 9 日(宣德八年三月二十日)由古里启程回国。郑和如果病逝于古里,那么,他的逝世当在 1433 年 3月 31 日至 1433 年 4 月 9 日(宣德八年三月十一日至三月二十日)之间。很可能的是,郑和逝世后,王景弘等命人把他的遗体妥为装殓,准备回国安葬,但是当时已进入夏季,热带气候酷热,船队航进爪哇时,眼见郑和的遗体难以保存,已不可能回国安葬,不管大洋信风是多么强烈,也无法把郑和送回故乡了。埋骨何须桑梓地? 王景弘只好决定将其埋葬在当地。

在南洋历来传说郑和墓在印度尼西亚爪哇岛的三宝垄市。本书前已说过,现今三宝垄郊外仍有一个三宝洞。这三宝洞,相传是三保大人郑和晚年成仙的地方,供有郑和塑像;三宝洞旁的土墩,相传是三保大人郑和埋骨之地,每到星期四有很多华侨妇女来此献花。

这么一来,南京牛首山南麓的郑和墓仅仅是他的衣冠冢。

第三十一章
梦落西洋
——郑和航海的影响

郑和下西洋在航海事业上取得了伟大的成就,其远洋船队规模之宏伟,不仅在当时是世界上所绝无仅有的,而且也为世界大航海时代任何舰队所不及。就郑和船队的规模、装备、技术等航海能力而论,当时中国人完全可以完成地理大发现,这是已为中外史学界所公认的了。郑和船队对新航线的发现和进行的海上探索,业已达到能完成地理大发现的边缘。在郑和第六次下西洋过程中,船队派出的分艅船队勇于进行海上探索,西行进入大西洋,东行进入太平洋,已踏上环球航行的门槛之际,国内却下达了停航的诏令,以致功败垂成。

郑和最后一次西航的几十年后,明英宗曾经准备派遣太监马云率领船队重复郑和的航线,但是刚提出这个意见就遭到大臣们的一致反对。英宗迫于压力,不得不放弃了下西洋的打算。此后,郑和下西洋的所有资料被明朝中期重臣刘大夏付之一炬,明朝也迅速地衰败下去了。华侨深感"祖国陆沉",从此成了无家可归的"海外弃民"。

满族(1635 年,皇太极改女真族为满族)建立的清朝政府,闭关自守,不知发展海洋事业的重要,直至 1840 年被西来的英国侵略军用炮舰敲开大门,从此中国沦为诸西洋列强的半殖民地。

在郑和初次航海届满 600 年之际,也就是 2005 年,中国国内和国外的学人纪念他时,发现这种靠农业生产支持的航海,自有其优点:不破坏生态环境,不会给所抵达的国家造成破坏性很大的灾难。

郑和所到之处,不滥采当地的资源,注重保护生态,帮助当地民众发展农业生产。

西方殖民者的做法则相反:哥伦布发现新大陆时,最先在巴哈马群岛登陆,当时那是一个风景十分美丽的岛屿群,后来英国殖民者来了,在这个群岛滥伐树木,灭绝岛上的原住民和动物,建立种植场,将那儿的生态破坏殆尽。

郑和出使的任务不在攻城略地,而是一种和平、亲善的使节团,在海外主要的工作是馈赠礼品、迎送使节、和平贸易、宗教礼仪等,获益者主要是受访的小国,中国作为出访国,要花费许多资金,倒贴小国不少钱。

而西方殖民者呢? 纯粹以军事占领、奴役原住民、商业剥削、建立殖民地为目的,因而给所抵达的国家造成很大的灾难,推行殖民主义的国家是最大的剥削者和获益者。西方人自己承认,他们经营殖民地的历史,展示出一幅背信弃义、贿赂、残杀和卑鄙行为的绝妙图画。"殖民者走到哪里,那里就变得一片荒芜,人烟稀少。"(马克思语)试举两例:爪哇的班纽万吉省在 1750 年有 8 万多居民,荷兰殖民者侵入后,到 1811 年只有 8000 人了;英国殖民者侵入印度后,囤积全部大米,不出骇人听闻的高价就拒不出售,导致出现饥荒,1866 年仅奥里萨一个邦就饿死了 100 多万印度人。

　　但是,纯粹靠本国农业支持的郑和西航导致国内经济紧张,难以为继,最后停航。而靠国内工商业支持并以获利为目的的西方哥伦布、达·伽马、麦哲伦等人的西航却能持续进行,因而完成了地理大发现。继哥伦布等探险家来到新发现的土地上的西方强盗,在消灭或奴役本地原住民的基础上,建立起一个个殖民地,将一船船的金银和奴隶运回本国,同时也将所谓的西方文明和科学技术推广到全球各地。数百年内,谁有殖民地谁就是大国、强国。英国取得了最多的殖民地,号称日不落帝国。

　　可是,多行不义必自毙,地球上的殖民地很快分割完了,各殖民帝国因分赃不均相互火拼,进行了多次战争,包括两次世界大战,互相削弱,两败俱伤。殖民地人民则纷纷觉醒,乘机起来进行争取独立的斗争,最后,旧的殖民帝国如西班牙、葡萄牙、荷兰、英国、法国等一个接一个瓦解崩溃,留下一页页殖民历史,令后人反思。许多挣脱殖民枷锁、获得独立的国家的人民都憎恨殖民主义,怀念郑和的和平航行。

　　本书前已说过,郑和在海外备受崇敬,历时 600 年不衰,被视为奇怪的现象。且不说南洋各地的三宝垄、三宝港、三宝庙、三宝城、三宝禅寺、三宝井……重要的意义在

于,不单单华侨崇敬郑和,当地人也如此。南洋原住民敬
仰郑和有如神明,马来西亚有马来文的《郑和传》15 册、
《三保大人传》3 册等都是写给当地人阅读的。

当然,郑和也进行了和平的移民,但不是推行殖民主
义。郑和不反对自己的船员和出访地的女子结婚,留在
当地。郑和还教导华侨和当地人友好相处。自从郑和七
次下西洋之后,中国人民因经济原因逃荒或因政治原因
避难而移民南洋的实在很多。其中既有明末抗清失败的
志士,也有太平天国起义失败后的官兵。据最新资料,现
在整个印尼的人口有 2.1 亿,其中华人要占到 1/3;至于
新加坡,全国只有 420 万人,而华人占到了 77%;至于马
来西亚,人口有 2500 万,34% 是华人。郑和出使南洋以
宣扬王道、教化民众为目的,由于中国人以勤劳闻名于
世,而且中国人善于理财,一切大工商业都掌握在中国人
手中。

古代马来人和暹罗人虽然也从事采锡,但使得马来西
亚成为产锡国而享誉全球的是华人的功劳。古代马来人
也知道捕鱼,但自从华人迁居马来半岛后,该岛西海岸的
渔业便全部掌握在华人手中。橡胶业是暹罗的新兴产
业,种植橡胶的庄园都在马来西亚,并且经营者多半是华
人。在新加坡和马来西亚,一切南洋土产或各种输入的
外国商品都由华商经营贩卖。苏门答腊岛和爪哇岛的商
业多半归华商掌握自不用说,而在婆罗洲(加里曼丹岛),
华侨的商业组织更加严密,势力更大,大小城市的商业几
乎完全由华人掌握。

　　要是没有郑和七下西洋的话，南洋一带就不会有那么多华侨，也不会有那么多的华侨富商，数百年来也就没有那么多的侨汇汇入中国，所以郑和为中国开拓海外地区、推进移民的功绩可以说前无古人、后无来者。而华侨之信仰三保公郑和，比起国内武人尊敬关公、文人尊敬孔子还要热烈。

　　郑和是最后的胜利者，在他首次出航 600 年之际，全世界有良知的人士都纪念他。郑和不但属于中国，而且属于全世界，他代表着正确的和平航行，代表着各民族和平融合的正确方向。人类回顾自己过去数百年走过的道路时，发现了许多不该犯的错误和罪行，包括捕杀动物、破坏生态、滥采资源、奴隶贩卖、种族歧视、种族绝灭、大清洗、秘密大屠杀、集中营、毒气室等等，可是从历史长河中也发现了若干亮点，郑和的航海就是人类历史上闪闪发光的一页，他保护自然、珍惜动物的和平使者的光辉形象照耀寰宇，流芳百世。现在西方有良知的人士甚至将地理大发现的功劳都归于他，这可不是偶然的现象，这代表着西方人深刻的反思和觉悟。

第三十二章
孟席斯的推测（一）
——郑和船队发现了美洲和澳洲

近些年来,有的学者根据 1459 年(即郑和船队停航 26 年以后)欧洲威尼斯地图绘制专家弗拉·毛罗所绘制的世界地图及其上的两段注文,提出郑和第六次出使西航时,其分艨舰队已绕过好望角进入大西洋,深入西南非洲沿岸。2002 年,英国皇家海军退役潜艇司令加文·孟席斯又出版了《1421:中国发现世界》一书,作者研究郑和航海,调查足迹遍及 120 多个国家以及 900 多个博物馆、档案馆和图书馆。在广泛调查的基础上,该书提出郑和及其宝船分艨船队在 1421～1423 年曾经进行了绕过好望角途经美洲的环球航行,认为哥伦布不是美洲的发现者,麦哲伦也不是第一个进行环球航海的人。

加文·孟席斯首先抛出的证据是一张海图,该地图由欧洲人朱阿尼·皮齐加诺(Zuane Pizzigano)于 1424 年绘制。要知道,发现新大陆的哥伦布首航是 1492 年,绕过非洲最南端的好望角远航到印度的达伽马是 1497 年出发航行的,第一次进行环球航行的欧洲人麦哲伦到 1519

年才出发。这就是说,这张地图的绘制日期要早于哥伦布等人的出航时间 68～95 年,而 1424 年在近代航海史上是个什么样的年份呢? 正值郑和第六次航海归来后不久——郑和的主船队于 1421 年起航,于 1422 年返国。本书前已说过,第六次下西洋中,郑和派出一些分舰船队前往未知海域探险,有些分舰船队在海上航行了 4 年,直到 1425 年还在乌龟洋上漂流。这些船队究竟到达了什么地方? 由于郑和下西洋的所有资料在明朝中期已被烧毁,这个问题至今没有答案,可现在加文·孟席斯根据这张海图找到了答案:郑和的分舰船队进行了一次环球航行,首先发现了美洲,因为这张 1424 年绘制的地图已经绘出了美洲爪德罗普岛和波多黎各岛的位置。绘图者的讯息来源只能是郑和的分舰航队的探险结果。

地图绘制者朱阿尼·皮齐加诺是意大利威尼斯人,他绘制的这张海图只包括欧洲部分和非洲部分,欧洲海岸线绘得十分准确。除此之外,制图者还在大西洋西海岸外绘了四个岛,分别命名为萨塔纳泽斯(Satanazes)、安蒂里亚(Antilia)、沙亚(Saya)和伊马纳(Ymana)。这些岛经明尼苏达大学图书馆馆长卡罗尔·厄内斯(Carol Urness)确认,其中的萨塔纳泽斯和安蒂里亚岛分别是中美洲加勒比群岛(Caribbean islands)的爪德罗普岛(Guadeloupe)和波多黎各岛(Puerto Rico),这两个岛位于中美洲的加勒比海。绘图者从没到过加勒比海,当时葡萄牙虽然在海上探险方面在欧洲首屈一指、遥遥领先,但在 15 世纪中叶和末期,该国船队的探险范围仍局限于非洲西海岸,直到 1488 年才发现好望角。15 世纪 20 年代的葡萄牙人绝对不可能知道加勒比海各群岛的分布情况。当时唯有郑和的分艟船队可能探索过这些岛屿,而欧洲人可能从接触过郑和船队的阿拉伯人那儿获得这些知识。直到 1428 年,一张皮齐加诺地图的仿制品才落到了积极推进非洲探险的葡萄牙亨利亲王(Henry the Navigator)的手里,亨利亲王才命令他的海军船长去寻找从该海图上看到的安蒂里亚岛。

继发现皮齐加诺海图后,加文·孟席斯在世界各地的图书馆、档案馆又翻寻到了另一些古代的海图,令他惊讶不已。一张绘制于 1513 年以前的地图竟绘上了南美洲南端的巴塔哥尼亚高原(Patagonia)和南美西南部的安第斯山脉(Andes),还绘上南极洲大陆和南极附近的南设得兰群岛(the South Shetland Islands)。这张地图的覆盖面北达厄瓜多尔,南达南极半岛,范围之广令人惊叹。欧洲人最早到达南极洲是在 1820 年 1 月,当时以别林斯高晋和拉扎列夫为首的俄国考察队声称发现了南极洲;后来,挪威的 R·阿蒙森考察队和英国的 R·斯科特考察队分别于 1911 年和 1912 年到达南极。可是,在欧洲人到达南极之前 400 年居然就有精确的南极洲地图了。

澳洲是 1770 年由英国航海家詹姆斯·库克(Captain James Cook)发现的,但现代人加文·孟席斯查出,澳洲在库克发现前 2 世纪就出现在另一张地图上了。①

在另一些地图上，加文·孟席斯还看到了加勒比海、格陵兰（Greenland）、北极海（Arctic）和南北美洲的太平洋与大西洋海岸，而这些地图都是欧洲人到达这些地方之前很久绘制的。

加文·孟席斯在惊讶之余，提出这样的疑问：是谁绘制了这些地图？为了把整个世界的地图绘得如此准确，这些绘图者事先必须进行环球航行，他们必须具有天文航海技术，必须懂得计算经度的方法，以准确无误地画出地图。

加文·孟席斯由此得出一个设想：在当时唯有一个国家具备这样的物质资源、科学知识、船队和航海经验去进行如此宏大规模的发现航程，这个国家就是中国。加文·孟席斯经过进一步的查对资料后证实，在 15 世纪初确实有几支中国船队进行了几次探索性航行（指郑和的六次下西洋），其中最后一次也是最重要的一次，是一次由四组船队组成的庞大舰队的远航（指第六次下西洋，所以称最后一次，因这是下令郑和远航的永乐皇帝在位时的最后一次，也是规模最大的一次，所谓第七次下西洋只是一次象征性的航行）。永乐十九年（1421 年）初，舰队开始出

---

① 联系到达·伽马和库克，质疑孟席斯"新说"的学者说，在达·伽马绕过好望角东航印度以前，确实已有表示了非洲之角的地图，在库克测绘澳洲以前，确实已有表示部分澳洲大陆的地图，但不能说这些地图是郑和船队绘制的。（引自孔远志、郑一钧编著《东南亚考察论郑和》，314 页）

发。永乐二十一年(1423 年)夏天和秋天,最后幸存的船只陆续回到了中国。虽然没有任何资料记载这些年他们航行到哪里,但是这些新发现的地图是可靠的证据,证明他们不仅绕过好望角,而且航行到了大西洋;他们登上的群岛就是 1424 年朱阿尼·皮齐加诺绘制的海图上的群岛;他们还继续探索了南极洲和北极、北美洲和南美洲,并且越过太平洋到澳大利亚;他们已解决了计算经纬度的问题,而且相当准确地在地图上绘出了陆地和天空。

随后，加文·孟席斯还举出另一幅著名的古代世界地图上的注文来证实自己的推想。这幅世界地图是欧洲威尼斯地图绘制专家弗拉·毛罗（Fra Mauro）所绘制的，绘制时间是 1459 年，离郑和船队第七次下西洋回国的那一年（1433 年）只有 26 年。这是中世纪把地球的整个球体投影成为一个平面圆形的最后几幅大地图之一，也是第一批现代地图之一，因为它在当时已说明了大洋不再是封闭的绝路，而是一条通往印度洋的海道。毛罗在地图的附注中写道："大约在 1420 年，有一艘海船，说准确点，是一艘来自印度的中国帆船，它日夜不停地航行，越过印度洋，通过德迪亚布角（Cap de Diab）[好望角 Cape of Good Hope]外的男女岛（the Isles of Men and Women），并航经佛得角和昏暗群岛（obscured islands），向西和西南方向航行了 40 天，除海天之外没有发现任何东西。按他们的估计，已航行了 2000 海里而没有遇到好运，他们用了 70 天返航到上述的德迪亚布角（Cap de Diab）。"在附注的旁边，毛罗还亲笔画了一艘中国帆船的图样,船体异常的宽,方船头,像现代的坦克登陆艇,明显具有郑和帆船的特征。在地图上的印度洋中间,毛罗还写了另一些文字,如"航行这些海的海船或中国帆船有4根以上的桅杆,有些桅杆可以被升降,有40～60间供商人住的船舱"。附注还描述了船员在德迪亚布角(Cap de Diab)补充食物时发现了巨大的蛋和下蛋的大型鸟,这种大型鸟可能是鸵鸟。

加文·孟席斯就这样在一幅西方地图上找到了郑和的分艨船队的去向的答案:其中至少有一条船越过了好望角,沿非洲西海岸航行,又离开非洲西岸向西航行,朝大西洋深处驶去,航行了40天,很可能达到了美洲,然后又航行70天回到好望角。

弗拉·毛罗是从哪儿获得中国帆船航行信息的呢?加文·孟席斯从一份15世纪描述葡萄牙人征服几内亚的文件中找到了这个问题的答案。在这份文件里,毛罗本人曾提到一位提供可靠消息的人,这人名叫尼科洛·达·康蒂(Nicolo da Conti)。康蒂是毛罗的同代人,而且都是威尼斯人,他到过印度,曾在今印度半岛西南部喀拉拉邦北岸的卡利卡特(Calicut,即古里国)遇到一艘中国帆船,这艘船停泊在那儿卸货下客,同时装载横越印度洋的补给。这船无疑属于郑和船队。康蒂从该船水手那儿获得了他们绘制的航海图。然后康蒂离开印度,乘船经过非洲东海岸莫桑比克的贝拉,到达位于非洲西海岸中部的一个名叫加宾(Cabin)的地方。回乡后,康蒂曾向罗马教皇的秘书讲述过自己的旅行经历,并且通过这位秘书将郑和船队绘制的航海图转交给了毛罗,此图又经由毛罗之手落到了葡萄牙亨利亲王那儿。这张航海图是郑和船队先于达·伽马绕过好望角到达非洲西岸的证据。

　　加文·孟席斯用来证实自己的推想的还有另一幅地图,该图在上文中已提到,即土耳其奥斯曼帝国的海军上将皮里·莱斯(Piri Reis)的地图,于1929年在伊斯坦布尔旧皇宫被发现,据说是1513年以被毁的亚历山大里亚图书馆(Library of Alexandria)所藏的旧图为根据复制的(关于皮里·莱斯地图的来龙去脉,本书在后文还要详叙)。该图以开罗为中心做球面投影,对非洲与南美洲之间海岸的经纬度都绘得相当准确,于是人们根据此图推断在哥伦布之前已有探险家到过南美洲。加文·孟席斯首先利用皮里·莱斯地图上的说明和地图上绘出的冰雪的位置,确定地图中南美洲的南端大约为南纬55°,而南纬55°也就是浮冰能达到的最北部的极限;然后基于火地岛的纬度,找到该岛在图中的位置,以便对皮里·莱斯地图的南部做仔细检查,并将之与现代地图作比较。由此他发现,原先的绘图者已相当准确地绘出巴塔哥尼亚的东海岸,海岸线的显著特征如岬、湾、河、港湾和港口,从北部的卡沃布兰科(Cabo Blanco,又译白角)到南部的麦哲伦海峡入口都相当符合。皮里·莱斯地图的绘图者还在图中是陆地的地方绘了大量的动物,这些动物都是南美洲独有的,在其他地区无论如何也找不到。

　　南美洲南端的巴塔哥尼亚高原面积很大,寒风萧瑟,一片凄凉,没有水,没有树,也没有山岭,只适宜矮小的植物生长;即使到了达尔文(1809—1882)时代,巴塔哥尼亚高原仍然是一片几乎没有人能够通过、对其了解极少的地方。可这张地图竟将这地区的周围画得如此准确!因此,加文·孟席斯认为,哥伦布不可能是原始的绘图者,因为他从未到过美洲赤道以南的地方,他对这个地区的认识只能来自于他复制的1428年海图(关于1428年海图的来龙去脉,本书在后文还要详叙)上的题记,该题记对于南大西洋未知地带的一些岛屿只作了简要的描述,比如南大西洋群岛每天有22小时处于黑暗之中等等;而欧洲人麦哲伦在皮里·莱斯地图绘出后几年才首次航行到巴塔哥尼亚(麦哲伦是1520年到达该地区,这幅地图是1513年左右绘出的)。这样说来,是谁最先提供信息,使皮里·莱斯地图绘上巴塔哥尼亚的呢?这个人是如何获得信息的呢?

加文·孟席斯的看法是,皮里·莱斯地图无论对当地自然特征的描述,或是对南美洲独有的动物的描绘都是如此精确,以至于这幅地图只能是一幅绘制南美洲巴塔哥尼亚高原地区全貌的海图,不可能是对地球上其他地区的描绘。因此,加文·孟席斯确信在地图西边的山脉是安第斯山脉。这些山脉沿着太平洋海岸向北延伸,而且从大西洋那面看是看不见的,因为这群山岭离东海岸有数百英里的距离。在第一批欧洲人到达南美洲或太平洋之前很久,那个最初绘这幅地图的人,一定沿着太平洋海岸航行过,他搭乘的船队要么是通过麦哲伦海峡,要么是冒着暴风雪和不停的狂风驶过合恩角才到达太平洋的。同时，加文·孟席斯在了解到巴塔哥尼亚的面积大小之后，就能够精确地确定皮里·莱斯地图的比例，并标出地图上看到的陆地和群岛的纬度，如卡沃布兰科（Cabo Blanco，又译白角）是在南纬 47°20'，那么，在地图底部看到的群岛一定是在南纬 68°43'，恰恰是南设得兰群岛的纬度。因此加文·孟席斯认为，那个最初绘这幅地图的人曾经乘坐在一艘船上，这艘船在首批欧洲人发现南极大陆和南设得兰群岛之前四个世纪已到达了南极大陆和南设得兰群岛。然而，要绘出如此广阔的陆地与海洋地区的地图，从南部的南极延伸数千米直到北部的秘鲁安第斯山脉，一定要具有数以千计的熟练勘测员和老练的水手才行。为了使绘制中的地图覆盖如此漫长的距离，绘图者们必须要十分协调，在有方略的人的指挥下通力合作，这包括使用不同的船队、分段包干等。在欧洲人到达南极之前，唯一可派这样船队出海的国家是中国，而且能够提供这种勘测和绘制地图机会的也只有 1421 年到 1423 年"失踪"两年的郑和宝船船队的伟大航行。

第三十四章
孟席斯的推测（三）
——关于郑和第六次下西洋

    加文·孟席斯描述的郑和船队第六次下西洋的经过是这样的：宝船舰队从永乐十九年至永乐二十一年（1421～1423年），在大洋中航行了两年半左右，共有四支舰队参加，分别由副使太监洪保、周满、太仓卫副千户周闻和正使太监郑和率领。每队有 25～30 只船。后来四支舰队分开航行，据说大概访问了 3000 余国，行驶了 10 万余里（如此远的行程几乎可以环绕地球两次）。宣德六年（1431 年），郑和在他最后一次航行出海以前，可能预感到此去就再也不会回来了，便立了两块碑，记述宝船舰队所经过的辉煌历程，其中的一块是"娄东刘家港碑"，碑现已不存，但据《吴都文粹续集》所记碑文，上面清楚地写着"（经历）大小凡三千余国"。许多学者认为这是"三十余国"之误，加文·孟席斯坚持"三千余国"没有错，这些国家遍布非洲、南北美洲和澳洲，郑和的分艨船队都到过。

    按加文·孟席斯的推想，在第六次航行中，洪保、周满和周闻等率领的分艨船队航行到印度的古里时已经脱离

了郑和的主船队,在那儿他们遇见了一位意大利威尼斯
的旅行家,即上文提到的尼科洛·达·康蒂(1395—
1469)。达·康蒂对中国船队的行踪甚感兴趣,他回国
后,将旅程中的故事口述给罗马教皇的秘书波焦·布拉
乔利尼(Poggio Bracciolini)听,并由波焦·布拉乔利尼将
其内容出版成书。达·康蒂是这样描述中国的帆船的:
"他们每艘船都有 10 或 12 张帆和蓄满水的大蓄水箱。有
些船建有隔水舱,即使某个部位破损了,其他部位能保持
完整,以便海船可以完成整个航程。"

达·康蒂后来游遍了埃及南部等西亚、北非地区,经
历丰富,在返航途中他可能又和中国人做过多次交流。
加文·孟席斯坚信,康蒂是当时的主要当事人,他提供的
文献资料是十分重要而可信的。

上文提到的威尼斯地图绘制专家弗拉·毛罗(Fra
Mauro)所绘制的地图(绘制时间是 1459 年)将好望角绘
制得非常精确,他的地理知识不是从欧洲人那儿得到的,
因为欧洲第一批探索非洲南部的冒险家卡布拉勒和迪亚
斯等,直到 1488 年才绕过好望角,从而冒险进入印度洋。
毛罗在绘制地图时,手上一定已经拥有一份能显示非洲
南部末端精确形状与位置的海图。只有达·康蒂在旅程
中登上中国舰队时才能从中国人手里得到这样一份海
图,然后再带给毛罗。

按照毛罗写在地图上的注文,中国帆船确实曾绕过好
望角随即航入南大西洋,甚至顺着赤道洋流航至美洲的
加勒比海。当然,这些信息毛罗也是从达·康蒂那儿得

到的。加文·孟席斯计算,洪保、周满和周闻等的分艅船队绕过好望角用了三周时间,也就是永乐十九年七月(1421年8月)。

总之,按加文·孟席斯的分析,中国人的航海知识和中国人的地图通过罗马教皇的秘书波焦·布拉乔利尼之手,从达·康蒂传给了毛罗,再通过波焦·布拉乔利尼传给了葡萄牙旅行家敦·佩德洛(Dom Pedro,葡萄牙国王的长子)和航海家亨利亲王(佩德洛的弟弟)。也就是说,葡萄牙人的探险家是根据中国人的地图才发现好望角的。

中国船队不仅绕过了好望角,按加文·孟席斯的猜测,洪保、周满和周闻等的分艅船队在信风推动之下,沿非洲西海岸航行,到达佛得角群岛,很可能登上面积最大的圣安唐岛游览,时间大约是永乐十九年九月末。其证据是今人在佛得角群岛的夏内拉(Janela)海岸附近发现了一块三米高的巨大石碑,上面刻有许多同心圆。按加文·孟席斯的观点,同心圆是郑和船队出发前所商定的"标记",用以表示每支船队登岸和取淡水的地方。碑上从顶部到底部都刻满多种文字的铭文,有一种文字判明是印度喀拉拉邦(Kerala)的马拉雅拉姆语(malayalam)。这也不足为怪,郑和的船队本来就聘用了不少"番火长"(掌管着航海图和罗盘、掌握着航行方向、熟悉航路的外国人),其中不乏印度人。按加文·孟席斯的观点,这石碑是铁证,说明中国船队在1421年已经到达非洲佛得角,比葡萄牙人 1444 年发现佛得角要早 23 年。[①]

　加文·孟席斯进一步推想,中国船队到了那儿后,风不停地向西吹,直朝向南美洲方向。于是,中国船队也顺势向西航行。而且,在佛得角群岛,北赤道和南赤道洋流汇集,形成了辽阔的洋流西向带,平均速度达到每小时 2 海里。于是,中国的船队被海风和洋流带到了南美洲的加勒比海。

　汇集的洋流在加勒比海附近分成两部分:北部分扫过加勒比海直至新英格兰(New England),并在那里汇集为墨西哥暖流;南半部分西南流向直朝南美洲。中国舰队随着洋流分成了两支:周闻的分艨船队向西北航行,穿过加勒比海,航向北美洲;洪保和周满的分艨船队顺着赤道洋流的西南分支朝南美洲方向航驶。

　在离开佛得角群岛大约三个星期后,洪保和周满的分艨船队已经发现了南美洲的海岸线,他们所见到的全是陌生的景象和奇异的鸟类,他们认为这就是他们的祖先在 1000 多年前所描述的扶桑。

　南北朝时期的南齐永元元年,即 499 年,一位名叫慧

---

　① 质疑孟席斯"新说"的学者认为,孟席斯把 1459 年弗拉·毛罗地图作为郑和船队绕过好望角到达佛得岛的重要证据,其实李约瑟博士等早已根据弗拉·毛罗地图上的有关注文,提出了郑和航海可能有船绕过好望角后再返回的观点,但该图并不能证明远航已到佛得角群岛。而孟席斯却把弗拉·毛罗地图上位于马达加斯加的迪布角(Diab)认为是好望角,且把位于马达加斯加海峡北部的绿色群岛(即今阿尔达布拉群岛)、科斯莫莱群岛及科摩罗群岛,与佛得角群岛(Cape Verde Islands,或译绿角群岛)混为一谈,这显然是错误的。

深的和尚来自距中国 20000 多里(8000 海里)的在中国东边的一块陆地,他以该地生长的树命名这块遥远东方的陆地为扶桑。据他说,扶桑树长出的果实很像红色的梨,其新芽可以食用,而树枝被当地的居民用来制作衣服和纸。慧深还说,这个地方不产铁器,人们猜想这个地方是中美洲。扶桑树可能就是生长在中南美洲的龙舌兰,因为龙舌兰结红色的果实,其用途也和慧深讲的扶桑树的用途相同;世界各地都产铁,唯独中美洲不产铁。看来,慧深说的地方真像中美洲。当然,这个问题始终是个谜,可现在洪保和周满等中国航海家却亲眼看到了中南美洲。

据加文·孟席斯猜测,他们所看到的这片陆地是今天委内瑞拉的奥西诺科(Orinoco)河三角洲,因为上述的皮里·莱斯地图非常精确地显示出他们所看到的海岸线细小的部分。他们在奥里诺科附近登陆,为船队补充淡水和新鲜食物,然后继续向南航行。洋流载着他们沿巴西的东海岸驶向阿根廷南部的卡沃布兰科(Cabo Blanco,又译"白角")。加文·孟席斯估计,中国船队曾深入南纬60°的地方,并到过火地岛最南端的海面,因为皮里·莱斯地图显示出联结南美大陆和南极洲的冰桥。

上文说过,皮里·莱斯地图的绘图者还在图中是陆地的地方绘了大量的动物或人。加文·孟席斯对其中的五种一一做了研究,发现都是南美洲的动物或人类。例如,一种有明显的角的鹿是安第斯山鹿;另一种是南美驼马;第三种是美洲狮;第四种是生活在火地岛的印第安人,光着身子,有胡须,即使当地气候寒冷,原住民仍赤身裸体,

靠烤火来取暖,故该地命名为火地岛;第五种名叫大树懒
(mylodon),比人要大两倍,是南美洲独一无二的动物,有
3米多高,重200多千克,一年到头大部分时间都在冬眠,
只有夏天出来吃草。大约300年前,这种动物从地球上
灭绝了,今天的伦敦皇家外科学院还保存有一副大树懒
的骨骼。在第一个欧洲人到达南美洲前,皮里·莱斯地
图上已经绘上了这么多美洲特有的动物,这只能说明,绘
图者的信息来自早已到达美洲的中国人。

加文·孟席斯还考证,南美的特产——活的大树懒曾
运抵中国。宣德五年(1430年)出版的中文书《异域图志》
中记载了大树懒这种动物,说他们是在从中国往西航行
了两年后才发现这种动物的,船员们还捕捉了两头大树
懒敬献给皇帝朱棣。

加文·孟席斯还通过研究今天南美洲的动物和植物,
以证明欧洲人到达美洲之前中国人已经到过美洲。例
如,美洲本来没有马和水稻,可哥伦布初来美洲,竟发现
了马的骨骼和野生水稻,这无疑是中国人带来的。另外,
还有家养的鸡,中国南方和东南亚是家养的鸡的发源地,
中国的鸡矮胖而羽毛松软,以黑色素为主要特征,羽毛、
皮肤、血液、骨头都是以黑色为主,生下的蛋是蓝色壳的,
这种鸡名叫乌鸡,在拉丁美洲到处都可发现。美洲的印
第安人和中国人一样,用这种乌鸡祭祀、占卜和治病。至
于亚洲常见的卷毛鸡,在1500年左右已经遍布南美洲。
今天的动物学家们普遍承认,美洲鸡最先是从亚洲引进
到南美洲的,而不是来自地中海沿岸。加文·孟席斯认

为,家禽飞不了多远,一定是船只载来的。而只有中国的船只才能航行这么远,把鸡带入南美洲的肯定是郑和的船队。还有玉米,原产于美洲。其他各洲都没有这种农作物。可哥伦布来到美洲之前,玉米已被引入亚洲了。1520年麦哲伦在菲律宾已经发现了玉米。接踵而来的葡萄牙人在印度尼西亚、菲律宾和中国都发现了玉米。并且,中国的书上也记载说,郑和带回了一些有着特别大穗的谷物,这种谷物就是玉米。从哪儿带回来的?肯定是从美洲带回的。最近在菲律宾西南的潘达南(Pandanan)的海底发现了一艘明朝的沉船,是永乐二十一年(1423年)沉在那儿的。人们在船上发现了一种南美洲所特有的用来磨玉米的工具。以上这些都是郑和船队去过美洲的明证。

上文说道,按加文·孟席斯的分析,中国船队从奥里诺科附近继续向南航行,沿巴西的东海岸驶向阿根廷南部。加文·孟席斯推测,中国船队在那儿选中的第一个抛锚的地点是马尔维纳斯群岛(又称福克兰群岛,Falkland)。之所以选择这个地方,是因为马尔维纳斯群岛直接处在老人星下面。

在南半球,水手的引路之星是老人星(Canopus)和南十字星座(the Southern Cross)。①

---

① 质疑孟席斯"新说"的学者认为,孟席斯把《郑和航海图》(载《武备志》)中"过洋牵星图"表示的南十字星座与皮里·莱斯地图的内容联系起来,而把《郑和航海图》作为郑和船队到达南极的证据,这是没有说服力的。(引自孔远志、郑一钧编著《东南亚考察论郑和》,313页)

中国船队早在从印度驶向南部非洲的航程中,他们的领航星北极星就越来越沉向地平线,并最终于索马里的摩加迪沙的北部变得看不见了。他们必须寻找另一个引路星,否则他们会驶向不知之地,于是他们找到了南十字星座(the Southern Cross)来指示方向,因为他们知道其中的指向南极的南十字 a 星(Crucis Alpha)和南十字 r 星(Crucis Gamma)。

他们用南十字星座来导航的同时,又用老人星来确定纬度。老人星是一颗发着黄白色光的、巨大的星星,它离地球的南极点有 3000 光年的距离,它的亮度超过了太阳的 1000 倍。无比的亮度加上较近的距离使它成为天空中第二亮的星星,也使它很容易被识别。老人星位于天空的最南端,但不是正对着南极点。为了利用老人星来确定纬度,中国人不得不航行到正对此星的一个定点,以确定他们自己所处的精确的位置。

同样,南十字星座虽指向南极点,但它也不像北极星,不是直接对着极点。为了能够利用南十字星座来准确地导航,中国人也不得不确定它的高度和经度;同样,要算出南十字星的准确位置的唯一方法是航行到直接对着它的地方。

只有当老人星和南十字星的位置被确定后,南半球的新大陆才能够准确地被绘制到地图上。当那些中国海员和绘图员到达了亚当斯山时,他们就直接处在了老人星的下面。他们竭力确定好他们的位置,这样他们就能准确计算出他们的位置是南纬 52°40′。参考北极星的高度,他们就能估算出老人星的高度,随后他们就能在南半球使用老人星来确定他们所处的纬度。

一旦老人星的纬度确定后,只要直接在老人星的下面,沿着这一条纬线,穿过太平洋向西航行,随后通过南半球的海洋向东航行,周满和洪保的船队就能各自返回中国。只要循此方法,所用的船只都能从这条纬线上做出观测。

中国船队首先在马尔维纳斯群岛抛锚,还由于该地点离北京的距离正好是整个纬度的距离的一半(经度相差 179°)。

加文·孟席斯认为,当时中国的航海家已积累了数百年的航海经验,已经知道了地球是一个球体,再也不坚持"天圆地方"的陈腐观念了,但是他们还没能测出经线,然而利用北极星他们能算出地球周长的一半(180×60 海里),在离开北京达到整个纬度的距离一半的地方,他们就能估算出来。计算方法是航行的天数乘以平均速度。

加文·孟席斯认为,在第六次下西洋中,除了四支大船队外,还有一些较小的分艅船队,如副使太监杨庆带领的分艅舰队。按加文·孟席斯的分析,杨庆的船队只在印度洋上兜了一圈,没有去好望角,因为他的船上载有从东非到印度各国的特使 17 人,不便远行,所以在永乐二十年八月(1422 年 9 月)就返回了中国。① 而周满的船上

---

① 关于杨庆其人,史料也很少。巩珍《西洋番国志》卷首载:"敕:太监杨庆等往西洋忽鲁谟斯等国公干,合用各色纻丝纱棉等物,并给各番王人等纻丝等件。……永乐十八年(1420)十二月初十月。"这表明杨庆参加了郑和第六次下西洋。

没有外国使节,洪保的船上只有从古里带回的一名特使,所以继续西航,越过好望角,直航美洲,直到永乐二十一年(1423年)秋季才返回中国。由于明成祖立意要做天下共主,才命令周满等航向极远的边地,穷尽海角天涯,让全世界都蒙受明朝的教化,并绘制天下的地图,使全世界都在大明朝的掌控中。周满、洪保、周闻等没有辜负成祖的期望和嘱托,终于发现了世界,遍访3000余国,使全球五大洲都成了明朝的属地。周满的船队经过麦哲伦海峡,沿秘鲁西海岸越过太平洋,在澳大利亚开矿和勘测,绘制了澳大利亚和太平洋的地图,经马鲁古群岛(在今印度尼西亚东北部)返回。洪保的船队经过麦哲伦海峡后,为了测出南十字星座的位置,向着南极洲往南航行,在回航时向东航行,途经南半球的海洋、古里、满剌加回国。周闻的一支船队向西北航行到北美洲,然后绕过格陵兰以探索北极;到达北极后,经白令海峡回到中国。

第三十五章
孟席斯的推测（四）
——洪保船队发现了美洲和南极洲

　　上文说道，在南美洲，洪保和周满的船队选定马尔维纳斯群岛作为固定的观测点，以绘制世界地图。后世人在该群岛发现一种名叫"瓦拉"的动物，它既像狐狸又像狗，这是中国船队曾在此停留的证据。"瓦拉"很可能是中国人留下的狗和当地野生的狐狸杂交的后代。

　　但是，马尔维纳斯群岛提供的食物有限，中国船队只好往西航行 300 海里回到巴塔哥尼亚，正遇上南半球的夏季。巴塔哥尼亚的土地上遍地都是草莓和野苹果，浅水湾内有大量的鱼和贝类，船员们食物不缺，有条件在巴塔哥尼亚海岸花 6 个月进行调查。后来，他们在维京角（Cape Virgines）的南边发现一个大港口，可作为安全的停泊地，但他们并不知道这个海湾可以直接驶向太平洋。洪保和周满的船队进入这个海湾后，一股速度达到每小时 6 海里的强烈的水流拽着他们的船队往西南航行，穿越海峡，就像水从浴缸底下流掉一样。

　　第二天早晨，这支船队已经在海峡里航行了一半的路程,接着,经过一番波折后,中国船队就这样不由自主地穿过了麦哲伦海峡,在阿固若岛附近进入太平洋。加文·孟席斯评论说,虽然中国人是在偶然间发现麦哲伦海峡的,但这丝毫不能降低中国人所取得的非凡成就。如果没有中国人事先绘制的地图,麦哲伦是不可能知道这个海峡的。是中国人最先找到连接大西洋和太平洋的通道,打开了通向西方人最向往的香料群岛的海道。因此,欧洲人应当对中国先驱者表示无比的敬意才对。

为了证明是中国人最先发现了连接大西洋和太平洋的通道,而不是麦哲伦,加文·孟席斯举出了几项证据。

第一项证据是,加文·孟席斯在威尼斯调查期间,有人向他出示了葡萄牙历史学家安东尼奥·加尔旺(Antonio Galvao)的一则笔记。加尔旺在笔记中说,1428年(郑和船队第六次下西洋返国后五年),航海家亨利亲王的哥哥、葡萄牙皇太子敦·佩德洛将一幅世界地图带回了葡萄牙。下面是该笔记中的文字:

据记载,在1428年的时候,人们都说葡萄牙国王的长子敦·佩德洛是一位出名的旅行家,他去过英格兰、法国、日耳曼人的德国,甚至到过圣地耶路撒冷和阿拉伯人的地方,然后取道意大利回国,途中经过罗马和威尼斯;正是在那儿他买了一份世界地图,此图绘出了整个世界的各个部分。图中,麦哲伦海峡被称为龙尾巴(dragon's tall);好望角被称作非洲的最前方,其他地点也各有各的特殊的名字。葡萄牙国王的第三个儿子敦·亨利获得此图后,在他的航海探险中,就可以发现更多的地方,走得更远。

加文·孟席斯认为,这是一个清楚的证据,证实在1428年的时候,今天我们称呼为好望角和麦哲伦海峡(the Strait of Magellan,将今天的阿根廷和火地岛分开的海峡)的地方已经被标绘于一张地图之上了。这真是一个非同小可的难题!麦哲伦海峡怎么能出现在1428年的地图之上的呢?这张地图问世的时间(1428年)比麦哲伦发现这一海峡的时间(1520年)早了近一个世纪。为了强调这不是一个错误,加尔旺继续写道:

我的朋友塔瓦雷斯(Tavaris)告诉我:1528年,葡萄牙国王的儿子和王位继承人敦·费尔南多给他看了一幅古老的地图,这地图是费尔南多在葡萄牙国王的图书馆里发现的。根据我们后来对这幅地图的研究,它要比所有经过好望角、去东印度(即今天的印度尼西亚)香料群岛的探险者携带的地图要早120年。由此显示,在古代有与现在同样多甚至比现在多得多的发现。

这份海图的原始绘制者是参加郑和第六次西航的航海家,这是毫无疑问的,因为它出现在欧洲之时正是郑和船队第六次下西洋返国休整之日。在地图上,中国人给连接大西洋和太平洋的通道取了一个具有中国特色的名字:龙尾巴。加文·孟席斯说,这份"1428年的海图"对葡萄牙政府有无比重要的价值,葡萄牙一直将其珍藏在国王的秘密档案库中,作为重要机密,从不向外国人泄露。

葡萄牙人后来在这份海图的指导下，终于发现了好望角和麦哲伦海峡，并环行世界一周。

加文·孟席斯追溯历史过程时说，这份秘密地图最后还是被泄露了。有人冒着生命危险，进入葡萄牙的秘密档案库，偷出了该图的副本。哥伦布在1492年探寻新大陆时，手头就拥有一份这样的副本。因此他出发西航前，一点也不害怕其船队可能会在世界的边缘毁灭。根据他的航海日志，他当时就知道，一直向西，无论往北和往南确实都有一些岛屿，因为他手头的那张1428年的世界地图上显示：在东方的尽头有数不清的岛屿。①

据加文·孟席斯的推想，"1428年的海图"虽然今已无存，但从现存的皮里·莱斯地图上可以看出其端倪，它的某些部分所蕴含的信息仍残存在上文详述的皮里·莱

① 质疑孟席斯"新说"的学者们说，孟席斯认定哥伦布出发西航前，手中有一张1428年世界地图的副本，那张地图相当准确地标明了非洲、南美洲、澳大利亚和许多岛屿的地理位置。这不符合史实。事实上，哥伦布在远航前，只知道如何去印度，根本不知道美洲。1506年5月4日哥伦布在遗言中写道："圣灵佑助，我获得了并后来彻底明白了一种思想，就是，从西班牙向西航行，横渡大洋，可达印度。"他在遗言中又说，"我在1492年发现印度大陆以及大批岛屿，包括被印度人称为海地的……小西班牙岛在内。"显然，哥伦布至死还认为他所发现的地方只是印度的一部分，而不是新大陆——美洲。正是由于这种错误，美洲被称为西印度，美洲的原住民被称为印第安人（在许多西方文字中，印度人和印第安人是同一个词）。哥伦布西航发现的群岛至今仍被称为西印度群岛，在1492年那次出航中，哥伦布的船队穿越巴哈马群岛来到古巴，哥伦布以为到了中国。当他从古巴抵达海地时，把古巴当作日本。因此，说哥伦布在出发前就知道要去美洲，这是不符合历史事实的。（以上见孔远志、郑一钧编著《东南亚考察论郑和》，314～315页）

斯地图上,其中最重要的信息是它重点标绘的南美洲的那部分。加文·孟席斯引证资料证实说,一位随同哥伦布航行到美洲的西班牙海员保存了"1428 年的世界地图"的一部分,上面还有哥伦布为该图所做的题记。在 1501年,土耳其奥斯曼帝国(兴起于 14～16 世纪)的海军俘获了那个海员服役的船只,他身上仍旧保留着那份海图。土耳其奥斯曼帝国的海军上将皮里·莱斯(Piri Reis)深知这份被俘获的文献的珍贵价值,就将它合进一幅地图,这就是今天引起学界格外重视的"1513 年皮里·莱斯地图"。这幅精美的海图今天保存在博斯普鲁斯海峡(Bos-phorus)旁的古城伊斯坦布尔(Istanbul)的托普卡皮·塞赖博物馆(the Topkapi Serai),为镇馆之宝。① 专家们分析后指出,这幅海图是奥斯曼帝国的海军上将皮里·莱斯指挥制图家们根据许多不同来源的资料,以几幅不同的古代地图为基础于 1513 年左右拼凑而成的。亲眼见过此图的加文·孟席斯说,该地图的西南部分是在哥伦布

---

① 质疑孟席斯"新说"的学者们说,皮里·莱斯地图是一幅大西洋南部、中部的海图,图上表示部分北美、南美海岸及南极洲的南设得兰群岛、南桑威奇岛等。孟席斯认为皮里·莱斯地图源于已亡佚的"1428 年的世界地图",并认为"1428 年的世界地图"的部分内容是根据郑和航海资料绘制的,但并未提出有说服力的证据。其实皮里·莱斯地图绘制于 1513 年,已是欧洲人到达美洲后 20 年,与郑和航海并无关系。而且从该图的表示方法而论,是一幅典型的波托兰海图,其形式与中国古代地图或航海图(如《武备志》载《郑和航海图》)的表示方法是不相同的。中外学者公认,《武备志》载《郑和航海图》表示的地理范围是从中国东部海岸经东海、南海、印度洋至东非海岸。(以上引自孔远志、郑一钧编著《东南亚考察论郑和》,313 页)

的海员所保存的海图的基础上绘制出来的，非常精确。

第二项证据是，1519 年 9 月 20 日，在西班牙的资助下，麦哲伦开始了那次伟大的环球航行。出发时，他的船队共有 5 艘船，一共有 265 名水手，但完成环球航行后只有一艘船和 18 名水手幸存下来，大多数水手在途中患坏血病死去，或者因坚持要回航举行叛乱被麦哲伦处死。船队行驶到连接大西洋和太平洋的海峡附近时，遇上了咆哮的狂风和暴风雪，水手们都不愿继续前进了，纷纷要求回航。麦哲伦为了解决危机，当着全体水手发出神圣的誓言。他肯定地说存在着一个通往太平洋的海峡，他对此航路很熟悉，他曾经在葡萄牙国王的一个海军部门见到过该海峡的地图，只要过了这个海峡就是马鲁古群岛，那儿盛产丁香等香料（当时在欧洲香料比黄金还贵），可以任意摘取或采购，回欧洲出卖所得利润王室和航海者双方共享。

麦哲伦讲的是实话，然而这并不是完全的真相。在麦哲伦航行之前，西班牙国王和麦哲伦早就知道存在一条从大西洋驶向太平洋的海峡。西班牙国王给麦哲伦看了一幅图，图上显示了那条连接太平洋的海峡。但麦哲伦看到的图只是副本，原版海图在葡萄牙人手里。麦哲伦希望关于这条海峡的真实信息能够永远不泄露，仅仅被他一人所知晓。这一次泄露是万不得已。由于泄露了真情，水手们被说服了，终于找到和通过了海峡，进入了太平洋。这条海峡后来也以麦哲伦的名字命名，而不以第一个通过它的人——洪保的名字来命名。

　　麦哲伦过了海峡后，就指挥船队向北航行驶向赤道。他知道，如果再在这个纬度上（南纬 52°）向西航行的话，是发现不了任何土地的。他事先看过地图，因而胸有成竹。他知道他不是第一个通过海峡的人，也不是第一个横穿太平洋的人。

　　在麦哲伦航行以前，巴塔哥尼亚和"麦哲伦海峡"已经被绘制出来，这已是被公认的千真万确的事实。可是，关于这幅地图的原本绘制者，西方早就有各种不同的说法。有一个权威的研究机构说，这是埃及法老文明之前的另一个文明所创作的；还有一位知名学者猜测说，这是外星人的产物。今天加文·孟席斯的考证终于揭示了真相：这幅地图是一支浩大的中国宝船船队在永乐十九年至永乐二十一年（1421～1423 年）的"失踪的岁月"里绘制的。

　　加文·孟席斯推测，中国船队驶出海峡后，洪保船队便和周满的船队分开了，两支船队各有各的任务。洪保船队的任务是测定南极点本身准确的位置。只有这样，他们才能在南半球航行和绘制地图，就像在北半球那样精确。从对晚间天空的观测中，他们已经知道了南十字星座的两个主要的星星，指向南极的南十字 a 星和南十字 r 星会同极点成一直线，因此在这两颗星的指引下航行就可到达极点。于是，洪保下令所率领的船队沿着多山的西海岸向南航行。他们在库克海峡（Cook Strait）抛锚，向东望去，望见火地岛西部的岛上的山顶，错以为是一群岛屿。

　　离开库克海峡后，中国船队试图航向南极，但气候十分寒冷,白天只有 4 个小时。在火地岛南面大约 320 千米的地方,他们遇到了第一块浮冰。他们继续向南航行,试图绕过这块浮冰,但未能成功,所以只能被迫改变路线,先是向东航行,然后是向东南方向航行,他们所有的努力都是为了找到一条驶向极点的路。当他们又航行了 300 多千米后,他们遇到了坚冰,坚冰堵住了所有通向南极半岛的道路。

他们接近南极圈的时候,一些奇怪的事情发生了。由于受南极磁点的影响,航行的困难正在加剧,航行远远地偏离了真正的南极方向。这同时也使中国的磁性罗盘在指示方向时出现了混乱;他们能依靠的航海辅助工具只有南十字星座的主要星星和老人星,两者都围绕着天极,从不升起也不降落,在天空中整天都能看到。

永乐十九年十二月(1422 年 1 月),中国船队到达了南极半岛的最北端,绝大部分地方没有冰。他们从合恩角航行到南极,只花了 14 天。中国船队绕过了冰山的边缘,从西北角靠近了南极洲,在南舍得兰群岛的西南边着陆。该群岛的一个岛上有火山温泉,可供船员们洗澡。该地点正对着南十字 r 星,在南纬 62°49'。

加文·孟席斯分析说,中国的航海家确定了天空中老人星和南十字星座的位置,知道了地球的周长,就能够准确地推算出南极的真正位置。凭借着对南十字星座真正方位和它们在罗盘上显示出来的方位的不同的观察,他们能够判断出南极磁点的位置,随后他们就能够对罗盘做出必要的校正。在永乐十九年至永乐二十一年间

（1421～1423 年），南十字星座和老人星在北纬 28°能被观察到。在这儿，北极星也清楚可见。通过比较老人星和北极星的纬度，一个校对纬度的参照系就获得了。于是，中国船队就可以像在北半球一样沿着正确的航路向南航行并测定精确的纬度了。一旦在南半球的纬度能够被准确地测量出来，中国的航海家和制图家就能找到一种可以辨认的方式，准确地绘制世界地图。

加文·孟席斯形象地描述了洪保船队绘制地图的情况，他说中国的帆船通过南舍得兰群岛和南极半岛之间的海峡时，西北 35 英里处的岛屿依然可见，此时南距南极大陆只有 20 英里。在这个范围里，他们只能看见岛屿上的山脉，他们将之画了下来，误差很少。对于南极大陆的绘制，也同样的精确。

为什么欧洲人到达南极 400 年以前南极洲就出现在了皮里·莱斯地图上呢？加文·孟席斯认为这个问题已经找到了答案。皮里·莱斯地图的信息并非来自古埃及人或外星人，而是来自永乐二十年（1422 年）洪保将军舰队上的观测者。

按加文·孟席斯的推测，中国船队接着到达博德岛（Bird Island，意为"鸟岛"），并绘制好该岛的地图。博德岛位于马尔维纳斯群岛的东南方、南舍得兰群岛的东北方，是一个只有 3000 米长、不超过半英里宽的小岛，岛上聚集了成千上万的海鸟。

中国船队离开博德岛，在老人星指引下继续向东航行，风把他们的船只吹向东方。他们穿过南面的海洋大约行驶了 5000 里路,到达赫尔特岛(Heard Island)。这个岛 80％的地方都为冰雪所覆盖。船队再向北航行 300 英里,到达克尔格伦群岛(Kerguelen Islands)。该群岛 30％的地方终年为冰雪所覆盖,但在海岸上却有众多的企鹅和海象,草丛中长着许多卷心菜,可以治疗海员的败血症。这个群岛是法国人勒·康提·瓦斯·德·克尔格伦(Le Comte Ves de Kerguelen)于 1772 年 2 月 12 日发现的。可现在加文·孟席斯认为该群岛是永乐二十年(1422 年)洪保将军发现的。洪保命名该岛为哈甫泥。他的根据是,1976 年美国出版的《明代名人传记辞典》中记载说:"(郑和船队)的一些船只到达了很远很远的一个名叫哈甫泥的地方,这个地方很可能就是南极洋中的克尔格伦群岛。"哈甫泥这个地名也在中国人茅坤编的《武备志》(此书编纂于永乐二十年)的海图中出现。

中国船队离开克尔格伦群岛后,全速往东航行,径直到达澳大利亚的西南岸,在班伯里(Bunbury)南面着陆。此地离西澳大利亚的珀斯(Perth)的南面有 100 英里的距离。船只在天鹅河(Swan)的河口抛锚,这条河分隔了今天的珀斯和弗里曼特尔(Fremantle)。

加文·孟席斯之所以推断洪保船队到过澳洲,是因为他见过一幅比皮里·莱斯地图更早的地图,即若昂·罗兹地图(关于这幅地图,下文还要详谈)。加文·孟席斯认为,该地图上的"大爪哇"大陆就是澳洲。这幅地图绘制于 1542 年以前,作为制图依据的一定是郑和船队的中国人画的原始海图。

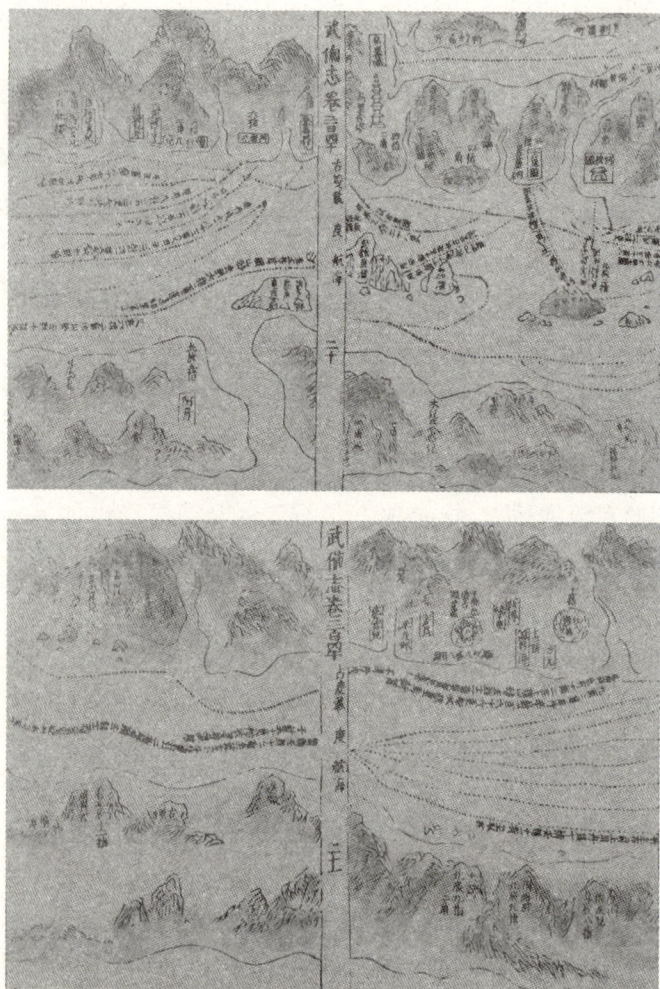

《武备志》所载航海地图

一些水手被洪保将军派往南澳大利亚上岸绘图,他们的船舶失事了,一些船员和婢女设法上了岸,并在山地人中间定居了下来。对此,当地的原住民部落中的传说流传至今。

1836年,在澳大利亚的东南部、维多利亚的瓦南布尔(Warrnambool)附近、美林河入海口,发现了一艘古老船只的残骸,经鉴定,该船是用产于安南森林的一种红褐色的木材制造的,质地坚硬如铁,刀砍不入,斧劈不进。加文·孟席斯认为此船就是洪保将军派往南澳大利亚上岸绘图的失事船。据今天在澳洲南部和西部发现的船只残骸分析,洪保船队在澳大利亚西南部至少损失了三艘船(关于沉船的发现,下文还要详谈)。

综上所述,根据加文·孟席斯的设想,我们可以说洪保的船队是按下述航线行驶的:佛得角→加勒比海→南美洲东海岸奥西诺科河三角洲→今阿根廷南部的卡沃布兰科(Cabo Blanco)→马尔维纳斯群岛→巴塔哥尼亚高原→麦哲伦海峡→库克海峡(Cook Strait)→格雷汉姆(Graham)岛→南极洲的南舍得兰群岛(South Shetland Islands)→迷幻岛(Deception Island)→博德岛(Bird Island)→赫尔特岛(Heard Island)→克尔盖伦群岛(Kerguelen Islands)。他们抵达澳洲的西南角的班伯里,对澳洲西南海岸进行了勘探并绘制了地图,然后北上到达澳洲西南的珀斯(Perth)。

洪保船队在珀斯(Perth)停泊的时候,船员登岸采集草莓,捕捉动物,以补充食物,并砍伐树木来修补船只,还在当地进行勘探，绘制地图。

任务完成之后，洪保指挥船队向西北方向航行，绕过苏门答腊，停泊于印度洋主要贸易港之一——满剌加，然后穿过南海返航，沿着婆罗洲西海岸航行到菲律宾西海岸，最后于 1423 年 10 月 22 日回到中国。①

加文·孟席斯评论说，我们可以说洪保的船队有三项功勋：第一支穿越麦哲伦海峡的船队；第一群发现南极洲的探险家；先于欧洲人阿贝尔·塔斯曼（Abel Tasman，1603—1659，塔斯马尼亚岛的发现者）两个世纪到达南澳大利亚。

---

① 质疑孟席斯"新说"的学者说，孟席斯描述洪保的航海行程相当具体，但是缺乏文献和考古的根据。孟席斯没有说明如何利用"星空"的软件绘制郑和船队的这一航海行程。据史籍记载，郑和第六次下西洋发生在永乐十九年正月（1421 年春，指奉诏下西洋时间）至永乐二十年八月（1422 年 9 月）。洪保在这次航行中的任务是护送各国使臣回国。据巩珍《西洋番国志》所附敕书二："敕：内官郑和，孔和卜花，唐观保。今遣内官洪保等送各番国使臣回还，合用赏赐并带去银两段匹铜钱多件，敕至即照依坐去数目关给予之（……）永乐十九年十月十六日。"从上述敕书中，我们知道洪保在永乐十九年（1421 年）确曾出使西洋，但他在当年十月十六日（公历 10 月 30 日）还在国内，则接到出使的诏书，还未出发。而孟席斯说洪保在 1421 年 9 月抵达佛德角群岛，10 月到了加勒比海，1422 年到达南极。洪保是奉诏送爪哇使团回国的，怎么可能在未接诏书的情况下自行出使西洋呢？（引自孔远志、郑一钧编著《东南亚考察论郑和》，311 页）

第三十六章
孟席斯的推测（五）
——周满船队横渡太平洋和发现澳洲

　　根据加文·孟席斯的设想，周满的船队跟随着洪保的船队穿越麦哲伦海峡后便和洪保的船队分开了。他们的帆船试图进入太平洋，但是遇到寒冷的洋流，被席卷向北，到达今天智利的海岸。因此，他们可能访问过秘鲁的印加文明。有许多重要的证据证明哥伦布来到美洲之前，中国人和在墨西哥、危地马拉、哥伦比亚、厄瓜多尔和秘鲁的美洲人之间存在着航海联系。比如说，1597年问世的《西洋记》（关于郑和航海的中文小说）中有一份番邦敬献给郑和船队的贡物表，表上所列的物品与马欢在《瀛涯胜览》中列举的贡物很不同，其中有山水瓷碗和人物瓷碗等精品瓷器，当注满水时，这些瓷器呈半透明状。而当时居住在美洲乔卢拉（Cholula，今墨西哥地区）的阿兹特克人（Aztec）就擅长于制作这种半透明的瓷器，他们制作的瓷器像蛋壳一样薄。郑和船队是否得到过阿兹特克人的瓷器，值得探讨。

　　按加文·孟席斯推测，周满的船队离开秘鲁之后，首先被洋流带到最北边的厄瓜多尔,在那里,洋流转向西,带着船队穿过太平洋。加文·孟席斯的证据是,16世纪时到南美洲去的一个名叫阿里亚斯(Don Luis Arias)的西班牙外交官曾给他的国王呈上了一份备忘录,里面提道,南美原住民传言,在欧洲人来到美洲以前,有一群穿针织服装的黄皮肤人曾经从今智利或厄瓜多尔地区出发,乘船横穿太平洋。

周满的船队到达位于太平洋中部的萨摩亚群岛(Samoa Islands)时,南赤道洋流流到这里的时候一劈为二:向北的那部分流向加罗林群岛(Carolines Islands)、新几内亚(New Guinea)、菲律宾群岛(Philippines),向南的那部分则偏向西南流向澳大利亚。周满的船队在这里分成了两支。北分船队顺着洋流到达加罗林群岛,在那儿的吉里巴斯岛(Kiribati)设置了观测台,另外五个观测台则建在新几内亚。现在这些观测台的遗址尚存,它们的样子就是在中国可以看见的那种去掉顶部的呈阶梯状金字塔样式。19世纪在加罗林群岛曾发现许多贝壳制成的红色的珠子,其形状和大小与在中美洲的米特拉(Mitla)附近的河流中发现的相同,加罗林群岛的红色的贝壳珠子很可能是周满的船队从中美洲带来当货币使用的,只有中国船队才能航行这么远。

周满的南分船队顺着向南的赤道洋流航行,曾经到过土阿莫土群岛(Tuamotu),这里距美洲的西部有8000多千米。其证据是,1606年,佩德罗·费尔南兹·德奎洛斯(Pedro Pernandez de Quiros,1565—1615)——一位为西班牙国王工作的葡萄牙探险家——在土阿莫土群岛的豪环礁(Hao Atoll)登陆。在那儿,他遇到了一位老妇人,老妇人戴着一枚镶着一颗翡翠的戒指。在土阿莫土群岛周围数千千米的范围内既没有黄金也没有翡翠,但史书记载,明朝派出的使臣常常将这样的翡翠戒指送给番邦君主作为礼品。这枚戒指肯定是郑和船队遗留在该群岛上的。

据认为,南分船队还到过大溪地岛(Tahiti)和斐济,他们在大溪地岛建造了呈阶梯状的金字塔,还在斐济开采过铜矿。

周满的南分船队航行到诺福克岛(Norfolk Islands)绘制地图,离开诺福克岛后仍然被洋流携带向西,在澳大利亚的东海岸相当于今天的纽卡斯尔(Newcastle)以北的某地登陆。这一次伟大的航行,穿越了太平洋,航行了7000余英里,费时约3个月。

澳洲对中国人来说不是一个完全陌生的地方。从隋朝开始,中国人就已经知道这么一块很大的大陆,住着使用回力飞镖的人。它位于亚洲之南,到那儿坐船需要100天的时间。中国古籍《山海经》就提到澳洲特有的动物——袋鼠:长着鹿一样的头,用后腿弹跳,在它身体中部还有第二个头——那是在袋中的小宝贝。早在元朝时代,中国帝王的动物园中就有了袋鼠。元朝称澳洲为"大爪哇"。

我国台湾大学曾保存着一件制作于1447年的瓷器,上面绘有新几内亚、澳洲大陆和塔斯马尼亚海岸线的地图。这幅地图的资料肯定源自周满船队的勘测结果。周满船队远航澳洲使中国人对这块大陆有了更详细的了解。

　　周满的船员们首先在纽卡斯尔(Newcastle)以北建立了一个驻地,后来,船队向南航行来到今天的悉尼附近,建了一个规模较大的基地,有 20 个小村庄,还修建了码头。随后,为了确定老人星的位置,建立一个参照点,他们又向南航行探险,一直达到坎贝尔岛(Campbell Island),在那里至少损失了一艘船。其证据是早期到达此岛的欧洲人在该岛的坎普海湾(Camp Cove)发现了一艘古老的木船残骸和一棵成熟的诺福克岛(Norfolk Islands)松树,这种松树是诺福克岛特有的树种。在航行中收集树苗、种子和松球并把它们作为神物种在他们登陆的地方是中国人的习惯,在坎贝尔岛上的诺福克岛松树只能是被周满舰队中的某一艘船带来的。

　　周满的船队勘测了从纳尔逊湾到坎贝尔岛的整个澳大利亚东部地区并绘制了地图。但当准备确定回到澳大利亚的路线时,他们遇到了真正的困难。他们并不知道南极洋流正在把他们推向东方,船只被迫驶向新西兰群岛的南岛。中国船员不得不顶风往回驶以抗拒洋流,于是至少有一艘宝船在新西兰南岛西岸附近失踪了。船队漂移到新西兰北岛西岸时,至少又损失了一艘宝船。幸存的水手在新西兰当地人中留下一些传说,他们被称作"浅肤色的人""精灵鬼",他们穿着白色的外衣,生活习惯和毛利人不同。他们中有些人和毛利妇女结了婚,传宗接代。宝船队从南美巴塔哥尼亚带来的一对磨齿兽(大树懒)在新西兰南岛跑掉了,也在当地繁殖,1831 年被一艘悉尼的邮轮发现。

　　周满率领着幸存的船只一回到塔斯曼海(Tasman

Sea)便进入逆时针循环的洋流,迫使他们最终回到澳大利亚海岸。此次他们在布理斯班(Brisbane)登陆,船队停泊在金皮(Gympie)港口。这次往返坎贝尔岛的航行至少花了 10 个星期的时间。中国船队花了很长时间在澳大利亚的今天被称为新南威尔士和昆士兰的东部海岸测量海岸线,主要的原因是这个地区有丰富的矿藏。他们试图在布理斯班(Brisbane)西南部的沃宁山(Mount Warning)区域挖掘金属矿,露天开采铜、锡和金。

中国有长久的开矿历史。早在公元 1 世纪,中国早期的科学家就能辨别出不同的氯化物、硫化物和硝酸盐,并知道怎样去开采它们。他们用硫化汞矿物制造红墨水和颜料,用硝酸钾、氯化铵和硫酸铁来制革。

在地理勘测方面,中国人也有相当的才能。他们能够通过磁铁测量,甚至通过陆地的位置勘察矿物和金属;他们也知道他们寻找的矿石和矿物经常与其他东西有地质上的联系,如上古典籍《管子》上就说"上有丹砂者下有黄金,上有慈石者下有铜金"。早在 8 世纪,中国人已经知道一些植物可以真正标志金和其他金属的出现,唐朝的《酉阳杂俎》上说:"山上有葱,下有银山;山上有韭,下有金山;山上有姜,下有铜锡山;山有宝玉,木旁枝皆下垂。"几个世纪后,西方的科学家才知晓这些知识。

当时印度和中国的财富占全世界的一半。与郑和船队一起航行的有不少印度工程师和冶金家。那时候,印度工程师的采矿技术在全世界首屈一指。他们开采西非的金矿和铁矿,将矿石运往印度洋周边地区销售。在印度工程师的帮助下,郑和船队开采矿石,将绿宝石和提炼的金属装入船舱中运回中国。

船队中的中国和印度地质学家发现,澳大利亚的许多矿物都可以直接利用。他们把铜和锌混合制成了黄铜,将硝酸钾与硫黄、炭混合成火药。他们知道砒霜是一种毒药,也是杀虫剂;由铅和铜制成的白颜料可防止船舷周围的木头腐烂,高岭土是制造陶器的原料;钴氧化物、铜、铅可以做上色的油彩;白矾可用于制革;石棉被用来防火,等等。

金皮(Gympie)是昆士兰最大、最丰富的金矿区,船员们在这儿建立了锥形金字塔,以确定他们发现的富矿的位置,并使未来的舰队能回到同样的地方。

开矿的工作收获颇丰,然后周满的船队重新开始航海。船向北航行遇到大堡礁,船员们都被大堡礁的尺寸和形状吓坏了。他们过去从未见过这种结构的礁石——从深不见底的海洋中几乎是垂直地升起。大堡礁很长,从布里斯班南部的希克森湾(Hickson Bay)北边延伸到约克郡,约有 3000 千米长。船只一旦被暗礁包围,就很难离开。周满船队驶过这片未在地图上标出的海域,受尽了苦难,损失了一些船只,现在考古发现的就有四艘。为了通过大堡礁,他们的船队分为两队:一支分队从大堡礁内侧驶过,另一支分队从外侧驶过,他们比英国的库克船长(Captain James Cook)早 250 年到达这里。

大堡礁突然结束于约克角半岛顶端北部几里远的地方。当幸存下来的中国船员们环行绕过约克角到达西部岛屿时,他们感到从未有过的轻松。在这儿,帆船进入将澳大利亚和新几内亚岛分离的托雷斯海峡（Torres Strait）。洋流从东部流到新几内亚，推动船员向西穿过卡奔塔利亚湾（Gulf of Carpentaria）。他们在阿纳姆地（Arnhem Land）着陆，把他们的马牵上岸开采铅。铅是铀235自然衰减的派生物。铀当然是强放射性元素，接触它或吸入便会致命。阿纳姆地（Arnhem Land）的伽比鲁漫游者矿区（Jaburu Ranger Mines）是世界最大的铀235储存地之一。由于没有意识到他们已将自己置于危险境地，周满的船员一定在开挖发现的铅矿石的同时，挖掘出铀来，这个可能有助于解释周满船队中可怕的死亡率，因为当他们回国时，原来的9000人中只有1/10幸存了下来。

　　总而言之，周满的南分船队在澳洲的航线如下：南澳洲东海岸→塔斯马尼亚东海岸→坎贝尔（Campbell）岛→新西兰南岛西岸→新西兰北岛西岸→南澳洲东海岸→澳洲东北海岸→澳洲北海岸。他们在以上的澳洲沿海进行勘探、开采矿藏并绘制地图后，途经香料群岛、菲律宾，穿越南海回到中国。①

---

　　① 质疑孟席斯"新说"的学者说，上述周满船队的航海行程相当具体，但是缺乏文献和考古的证据。据史籍记载，郑和第六次下西洋的时间是永乐十九年正月到永乐二十年八月（1421年春至1422年9月），主要送16国使臣回国。其间永乐十九年十月还派洪保送爪哇使团回国。但没有周满曾参加第六次下西洋的记载。"娄东刘家港天妃宫石刻通番事迹碑"载："宣德六年（1431年）……副使太监李兴、朱良、周满、洪保等立。"另外，"福建长乐南山天妃灵应记碑"也载"宣德六年副使太监李兴、朱良、周满、洪保等立。"上述碑铭只说明周满随郑和参加第七次下西洋。（引自孔远志、郑一钧编著《东南亚考察论郑和》，311页）

第三十七章
孟席斯的推测（六）
——郑和分船队到过澳洲

　　按加文·孟席斯的推想，洪保和周满船队的航海行程绝非是偶然飘风所致，而是经过精心策划、周密准备的有着明确目的和任务的行动。洪保和周满船队的任务是前往南半球测定老人星和南十字星座以及绘制世界地图。到1423年3月，这两支中国船队在海上航行已经两年了，航行了所有可以航行的海洋。洪保和周满已经完成了他们的主要使命。

　　对周满船队在澳洲开矿的情形，加文·孟席斯发挥了充分的想象力。他说，周满船队在悉尼以北的澳洲东南海岸登陆，进行勘探，绘制地图，修筑石头防御工事和住所，甚至在当地勘探矿藏、开采矿石、提炼金属。为了非常精确地进行勘探，中国船队在澳洲东海岸，现在的新南威尔士和昆士兰，待了一段时间，一个很明显的理由就是为了这地区的矿藏资源。据他说，参与澳洲探险的中国船员达数千人之多。

　　如此大规模的、持久的海外远航探险活动在中国历史上是一个空前壮举,怎么能在中国史籍中不留下蛛丝马迹? 对此,加文·孟席斯的解释是有关郑和下西洋的资料大部分被明朝中期的大臣刘大夏销毁了,余下来的在清朝乾隆年间又被销毁一次,因此郑和的分艅船队究竟到过什么地方成了千古之谜。

为了证明自己的推想,加文·孟席斯举出许多澳洲考古发现作为证据,他说这些考古发现都是郑和分艅船队的遗迹。

(1)石头建筑群。19世纪40年代,在新南威尔士以南很远的伊登(Eden)附近的比坦加比(Bittangabee)湾发现了一个炮台遗址,遗址的主体包括一个由巨石围起来的四方形的平台,巨石构成了一道坚固的防御围墙。在围墙内,一个堡垒的底基和墙体是用巨石筑成,并用灰泥砌缝。把这些石头运到这里,加以整修并建起堡垒一定花费了巨大的劳动力。在悉尼南部,发现了更多建于欧洲人到达之前的石头建筑。有一群多达20个的像小村落的建筑建在海边,多条建得很好的道路从一个水库通往15千米外的海边石码头。在纽卡斯尔(Newcastle)也发现了相似的石建住所。因此,加文·孟席斯认为周满船队曾在澳洲东南登陆。

(2)鲁阿佩胡(Ruapuke)的沉船、石刻和钟。1875年在新西兰北岛的西海岸的鲁阿佩胡发现了一艘巨大的古代沉船、一块巨大的泰米尔文石刻和一个祈祷用的钟,钟上有泰米尔铭文。这是一艘泰米尔船的遗物。泰米尔人居住在印度的泰米尔纳德邦和锡兰的北部,经常航海。

铭文表明这条船的主人是一个来自泰米尔的穆斯林，可能来自印度东南位于泰米尔纳德（Tamil Nadu）的一个港口。这条船和郑和船队似乎没有关系，但加文·孟席斯进一步分析说，在菲律宾所发现的班丹南（Pandana）沉船证明，亚洲各地的船主总是与郑和船队一道航行，因为郑和船队不但可以提供保护以防海盗，而且还可以提供有利可图的贸易机会。因此，这艘泰米尔船一定有郑和船队跟随。如果没有郑和的船队保驾护航，一艘泰米尔船无论如何也不敢独自越过大洋，从印度去南美洲，然后又去新西兰贸易。加文·孟席斯就是根据这样的逻辑推理，证明鲁阿佩胡的沉船、石刻和钟同时也是郑和船队来过此地的证据。此外，加文·孟席斯还声称，在该石刻的图案中发现了郑和船队的印记即同心圆。他认为，同心圆是郑和船队出发前所商定的"标记"，用以表示每支船队登岸和取淡水的地方。他在中国香港就发现过三块刻有同心圆的石刻，在佛得角群岛的夏内拉（Janela）海岸也发现了有同心圆的石刻，证明郑和船队曾在这些地点登岸。鲁阿佩胡石刻和夏内拉石刻不仅形状相同，而且都有同心圆的图案，这不正好证明郑和船队曾在此地（鲁阿佩胡）登过岸吗？加文·孟席斯还发现，这块石刻不仅在形状上和夏内拉石刻相同，而且在形状、大小和安放位置上与中国航海家在长江入海口、印度马拉巴海岸的科钦（Cochin）的东德拉岬（Dondra Head）、刚果河三角洲马塔迪（Matadi）旁边安放的石刻一致。加文·孟席斯还通过网上搜索，知道在南美洲东海岸的圣卡塔林那、珊瑚岛、坎佩切和阿罗拉多(Arrorado)岛发现了更多的石刻,每一个石刻都位于有水的地方旁边并可眺望到海,上面都刻有与鲁阿佩胡石刻相似的同心圆。按加文·孟席斯的推理,这些同心圆都说明郑和船队曾到过这些地方。

除了鲁阿佩胡的沉船外,加文·孟席斯还列举了其他属于郑和分舰船队的沉船:在新西兰南岛西南端的峡湾地(Fjordland)的阴暗湾(Dusky Sound)发现的一艘古代木船,形式非常古老,据分析应该是中国人建造的;1836年在澳洲东南的瓦南布尔(Warrnambool)发现的沉船,按加文·孟席斯的观点,就是属于洪保船队的一艘船;在北新南威尔士的拜伦(Byron)湾发现的一艘沉船,更像中国船,因为在发现地还出土了木制桅座和一根巨大的木制舵,其年代和尺寸都说明它们源于中国,只有中国造的船才配置那么大的船舵。此外,在悉尼南部海岸的卧龙岗(Wollonggong)发现的一艘古船的残体,在澳洲西南海岸珀斯(Perth)附近的沼泽地发现的两艘古船,等等,都应该来自中国,因为当时只有中国人才有可能在一个地区损失如此多的船。

(3)京比(Gympie)的遗址和文物。京比是澳洲东海岸的一个矿区,在布里斯班(Brishane)以北。在京比曾发现了不少古代文物,如截头金字塔、供物、动物雕像等。加文·孟席斯认为,这些文物是郑和的分舰船队曾造访澳洲的最直接、最具说服力的证据。当时,澳洲尚处于旧石器时代,不会是这些文物的制作者,唯有中国人和印度人才有这样的制作水平。截头金字塔用大块花岗石建成,有30多米高,是一座阶梯建筑。古人为什么要建造这么高的建筑物呢? 加文·孟席斯仔细观察之后得出这样的结论:这是郑和船队的观测台,它的尺寸、高度和形状与明朝的观测台一致。他说,中国人建造观测台来确定他们所发现的自然财富(指矿藏)的精确地点是完全合乎逻辑的,以使后来的船队可以回到这一地点。

在京比发现了两件雕刻得非常精美的供物:一件是印度教神欢喜天(Ganesh),是象神,用米色花岗石雕成;一件是哈奴曼(Hanuman),是印度教的猴神,用砾岩铁矿石制作的。欢喜天和哈奴曼是南印度印度教徒崇拜的两个最重要的神,可见这两个供物是印度人的遗物。但加文·孟席斯认为,这同时也是郑和船队的遗物,因为无论何时何地,郑和船队航行时都带着印度教僧侣、采矿师和地质学家。

在京比还出土了两件动物雕像,其中一只雕像的鼻子和嘴很像一只南美洲的动物大树懒(mylodon),加文·孟席斯据此认为大树懒是郑和的分艨船队从南美洲带到新西兰的,而论及澳大利亚和新西兰的一些外来物种如狗、水獭、榕树等,加文·孟席斯也认为是郑和船队登陆的结果。

(4)中国雕像。从澳洲原住民的石刻、壁画和传说中,可以发现中国人曾在澳洲居留的蛛丝马迹。如当地的石刻和壁画中描绘了穿着一种长袍的人,这种长袍只限于中国人穿着,而澳洲原住民基本上是不穿衣服的。原住民的传说则描述一种白色皮肤或黄色、蜜色皮肤的人,在欧洲人到来之前在原住民之中定居,他们的男人穿长袍,妇女穿马裤;他们深入内地去寻找淡水对虾、檀香木和玳瑁,并种植水稻和住在石屋里,不像原住民那样住木屋,妇女还穿着用当地植物染的丝织物。这种传说中的外来者很像中国人。

在澳洲发现的文物中的确有属于中国的雕像。如1983年,在新南威尔士的米尔顿(Milton)的海滩前面发现了一尊漂亮的妈祖神的石雕头像。妈祖是郑和船队的保护神,肯定是其分艅船队的遗物。而最受人关注的是1879年在达尔文港附近发现的一尊埋在榕树之下的道教寿老神像,它现在被收藏在悉尼科技博物馆中国分馆。加文·孟席斯认为,对此神像的合理解释是:周满的船队曾使用达尔文港作为其基地并建了一个神龛,在其中放置了神像,以作为祈求长途航海安全的地方。[①]

加文·孟席斯"新说"的最关键的依据是若昂·罗兹(Jean Rotz)地图。在上述的皮里·莱斯地图上没有标出

---

① 质疑孟席斯"新说"的学者说,孟席斯说这神像是郑和船队留下的,却没有提出确凿的证据。其实,早在1954年,英国汉学家菲茨杰拉德(C. P. Fitzgerald)提出,该道教老寿星神像可能为明代郑和船队在澳洲北部登陆时偶然遗下。(见沈立新主编《华侨华人百科全书》社区民俗卷,中国华侨出版社,2000年,第487页)。此物作为中国人先于欧洲人到达澳洲的证据,理由尚不充分。1897年在澳大利亚阿德莱德出版的沃斯诺普写的《澳洲的土著居民》一书中就提到过这尊道教老寿星神像。后来,另一个学者廷德尔在1928年3月8日南澳大利亚皇家学会上宣读的论文中说:"显而易见,这是一尊唐朝(618~906年)的神像,很可能在那个时期就被带到了澳洲。"李约瑟(英国科技史专家)也论述过那尊老寿星神像。他写道:"可以肯定,这是一尊中国雕像。但是却很难证明把它留在那里的是中国海员而不是那些像所有东南亚人一样喜欢珍藏中国雕像的马来半岛或巽他群岛的渔民。"(引自孔远志、郑一钧编著《东南亚考察论郑和》,318页)

澳洲,但在若昂·罗兹地图上却标出了。该图在苏门答腊岛的右下方画着"小爪哇"(The Little Java)岛,紧挨着"小爪哇"的下方是"大爪哇"(The Great Java),两者之间有一条狭长水道相隔。加文·孟席斯认为,"小爪哇"即苏门答腊南部,"大爪哇"是一片大陆。这片大陆的北部接近赤道且一直向南极延伸,这片大陆有一个伸入大海的岬,很像澳洲最北角的约克角(Cape York)。这片大陆的东北部也很像澳洲的东北海岸,因此,加文·孟席斯认为,这片"大爪哇"大陆就是澳洲。

若昂·罗兹地图是一幅非常早的地图,比皮里·莱斯地图更早。这幅地图现存于英国图书馆,它的制作人若昂·罗兹是一个十分高明的地图绘制者,因而被英格兰的亨利八世任命为"国王的水文地理学家"。这幅地图收在罗兹于1542年献给国王的《水文学》一书中,说明这幅地图画于1542年以前,比库克船长发现澳洲早了2个世纪。

若昂·罗兹来自制图的迪耶普学派(Diepe School),该学派以绘制地图和海图清晰、准确而誉满全欧洲。罗兹本人是那个时代领先的地图绘制者,以绘制新发现陆地的地图精细而著称。他从不造假,在他绘制的海图上准确地复制了他亲眼所见的更早的海图。加文·孟席斯认为,罗兹地图上的有关澳洲的部分是根据郑和的分舰船队所绘制的地图复制的,表现的是洪保和周满船队在澳洲航海的路线。

以现代人的眼光来看,若昂·罗兹地图所绘的澳洲北部和东部之精确,达到相当高的水平,其经纬度也大体正确。

　　特别是,罗兹地图标示出了马来西亚、柬埔寨、越南和中国,对这些地域的所有道路和所有海岸都画得极其精确,波斯湾、印度和东南亚也很容易从该地图上辨认出来。因此,这幅地图所依据的原始海图的绘制人,只能是某些对印度洋、中国和印度都有丰富知识的人。按加文·孟席斯的意见,这样就立即排除了葡萄牙人,因为尽管罗兹地图是在麦哲伦环球航海之后绘制的(麦哲伦于 1519 年出航,这幅地图最晚绘于 1542 年),但无论麦哲伦本人,或者在麦哲伦以后在中国沿海待了不很长时间的葡萄牙探险家,都不可能把地图画得如此令人难以置信的准确。所以,加文·孟席斯得出结论说,这幅地图所依据的原始海图一定是郑和船队的中国人画的。①

　　而现存的《郑和航海图》中也有一个南方的大岛,确与罗兹地图所描绘的澳洲北部海岸有惊人的相似之处,这更证明了加文·孟席斯的推想。

---

　　①　质疑孟席斯"新说"的学者说,孟席斯根据当年郑和船队的规模、能量和航海组织,推测只有郑和船队才有可能在 15 世纪绘制世界航海图。迄今为止,尚无确凿证据。其实,在郑和下西洋之前,已有"世界地图"。据人们"常规的说法",是迪亚士在 1486 年最先绕过非洲南端的好望角。然而在 14 世纪就有人绘出了非洲南端的地图。正如英国著名科技史专家李约瑟指出的,1315 年中国伟大的地图制作家朱思本就画了一本名为"广舆图"的世界地图。

　　在 14 世纪欧洲人也绘制了当时水平的"世界地图",如 1375 年的加泰罗尼亚地图。加文·孟席斯的书上也提道,在哥伦布等欧洲探险者远航之前,已有了若干世界地图,如 1513 年的皮里·莱斯地图、坎提诺地图、卡韦里欧地图、瓦尔德塞米勒世界地图、若昂·罗兹地图等。(引自孔远志、郑一钧编著《东南亚考察论郑和》,313～314 页)

第三十八章
孟席斯的推测（七）

——中国人先于欧洲人到达美洲

　　加文·孟席斯还有一个独出心裁的推想:周满船队不仅发现了南美洲和澳洲,而且发现了北美洲和中美洲。他们的船只在从澳大利亚返回本国途中到达菲律宾的明多洛岛的西部时改变航程向东行驶,经过莱特岛南部重新进入太平洋,风和洋流将他们带到现在加拿大的太平洋海岸;然后,一股加利福尼亚洋流推动船队从加拿大的温哥华岛向南,沿着美国到巴拿马的西部海岸行驶;到巴拿马后,一股赤道洋流带动船队穿过太平洋,返回菲律宾。这次环形航行大约有 3 万千米,平均以每小时 5 海里的速度航行,花了 4 个多月,船队于 1423 年10 月 8 日(永乐二十年九月初四)到达南京。船只和人员在途中损失 9/10,财物损失(包括从香料群岛带回的胡椒)不可胜计,没有带回一个外国使节,过错远大于功,因而对途中经历讳莫如深,不让朝廷和国人知道,成了永久的秘密。为了证明以上的推想,加文·孟席斯列出许多证据。

(1)著名的瓦尔德塞米勒世界地图,绘制者为马丁·瓦尔德塞米勒(Martin Walolseemuler,1470—1518),出版于1504年,现在加拿大到厄瓜多尔的北美的西部海岸被清楚地画在这张图上且惊人的准确。该图于1901年在德国被发现,2001年美国国会图书馆曾出价1000万美元购买。还有两幅同样古老的地图:一幅是现藏意大利的坎提诺地图(Cantino),一幅是现藏明尼苏达大学的卡韦里欧(Caverio)地图。三幅地图都展现了欧洲人到达之前的美洲大陆各不相同的原始特色,但瓦尔德塞米勒地图展现的北美太平洋沿岸在另两幅图中却没有。最先到达北美海岸并绘制地图的欧洲人是赫马尔多·德·阿拉尔孔(Hermado de Alarcon),他在1540年才勘探北美海岸,然后才将加利福尼亚湾的半岛绘制在地图上。上述三幅地图的出版时间远远早于阿拉尔孔的地图,一定是从更早的地图上复制过来的。很可能其原始资料都来自周满的船队在美洲绘制的地图。

(2)在北美的尼阿卡尼湾的沙滩上,发现了几艘古船的残骸,船上用于升帆的滑轮是用东南亚特有的柚木做成的;一些船内还发现了石蜡,这是郑和船队用来除去海水中的盐分以饮马的物品。

(3)郑和船队的水手常常用小花盆种植金樱子(camellia roses)。金樱子是一种产于中国东南部的茶花,所发出的香味能纾解思乡之苦,可现在美洲加利福尼亚海岸遍栽这种优美清香的茶花。椰子是南太平洋的特产，可最初到达美洲的欧洲人发现哥斯达黎加、巴拿马、厄瓜多尔等地的太平洋海岸栽满了椰子树。苋籽是一种北美土产的谷类，在 15 世纪被传入亚洲。按加文·孟席斯的推想，将玉米、苋籽等谷类从美洲运到亚洲，将玫瑰和亚洲鸡从中国运到美洲，将椰子从南太平洋运到厄瓜多尔，其运输者只能是中国人。

（4）在加利福尼亚海岸发现了许多中世纪的中国锚，是中国船只曾经来过的证据。加利福尼亚博物馆收藏了大量明代的青花瓷器。有些是西班牙的大帆船带来的，但其中一些浅青花瓷器属于郑和时代，因为当时制造深色青花瓷的钴料来自波斯，波斯被蒙古人统治，钴料来源断绝，所以只能生产浅色瓷。这些浅青花瓷器是郑和船队来过的证据。

（5）在美国旧金山湾东北角的萨卡拉门托河的沙滩下发现了一艘中国失事船骸，该地点离大海 100 多千米。在船舱中还发现一幅盔甲，由一种不寻常的金属制成，呈罕见的银白色，本地原住民不知道怎样仿造，经专家鉴定，确认它是一件中世纪的中国物品。挖出的木片经测定属于永乐八年（1410 年），表明船只是那一年制造的，还挖出许多种子，其中的一种是中国特有的。此外，船上还发现了大米和甲虫。这一发现证明中国人在发展加利福尼亚的农业特别是大米的种植方面有很大的贡献。按加文·孟席斯的推想，船只失事后，幸存的水手在当地定居，和原住民通婚，以至于今天当地的印第安人的语言、风俗习惯、建筑风格仍然保留着受中国人影响的遗迹。

（6）按加文·孟席斯的推测，周满的船队离开旧金山湾之后，会被风和洋流推动向南行驶到新墨西哥（New Mexico），并且继续被推动经过加利福尼亚湾，在现在的科利马省（Colima Province）的曼萨尼罗（Manzanillo）附近的墨西哥海岸登陆。当时（1421～1423年）墨西哥的玛雅文明（Mayan civilization）仍然存在。可是，等到100年后，当第一批西班牙人于16世纪20年代抵达这处海岸时，玛雅文明已经衰落了。所以，周满船队的船员们看到的是真正辉煌的玛雅文明。不过，欧洲人从玛雅文明的余晖中，通过鸡、漆盒、染料、金属工艺、宝石等东西仍看到了中国人的印记。例如，玛雅人把鸟称为kek或ki，和中国话很相近。墨西哥人把鸡用于祭祀和占卜，和中国人一样。

（7）红薯、西红柿、木瓜、玉米等农作物原来只产于今墨西哥、危地马拉等中美洲的十分狭小的地区，可在欧洲人航海大发现之前，这些作物已经在世界各地传播了。欧洲人在复活节岛发现了红薯、西红柿和木瓜，在夏威夷发现了红薯，在中国和菲律宾发现了玉米。这说明传播这些作物的中国船只到过中美洲。

（8）位于墨西哥西部群山中的乌鲁阿潘镇（Uruapan）是漆器艺术的中心。第一批到达墨西哥地区的欧洲人惊讶地发现,漆饰方法在墨西哥各地十分流行。涂漆是一种极不寻常、复杂、耗时的装饰方法。中国被认为是涂漆的最初发源地。早在 3000 年前,中国人就认识到漆脂具有防护的特性,他们将其推行到日本和整个东南亚。加文·孟席斯认为,上漆过程在中国和墨西哥是相同的,墨西哥的上漆技术应源自中国。此外,墨西哥和中国使用的装饰技术和颜料也惊人的相似,都是在深黑的背景中用漂亮的红颜料刻出图案。在这两个国家,传统的颜料都是黑色的,用动物骨骼或是玉米秆烧制而成。同时,两个国家都使用茜红、靛蓝、猩红、贝壳紫等做染料,制造这些染料的方法虽然极其复杂,但两个国家的制造方法都差不多。如此相似不是偶然的巧合,应该有一个共同的来源。按加文·孟席斯的推测,中国人到过乌鲁阿潘镇,在那儿用母鸡交换过别的商品,并且他们在那儿停留过几个月或几年,将涂漆的技艺和染色的技术传给了墨西哥人。在当地的口述历史中,有支持以上结论的材料。人们传说,在哥伦布之前有一支船队从亚洲过来到达墨西哥海岸,得到当地民族首领的热忱接见。在中美洲还发现描写外国人到来的岩洞艺术。

(9)中国人到过美洲也可在语言学上找到的证据。帆船在哥伦比亚称作 champan,在中国称作舢板;筏子在南美洲称作 balsa;直到 19 世纪晚期,秘鲁的一个山村里的村民仍讲汉语。

(10)委内瑞拉的印第安人带有中国人的遗传基因
(DNA)。①

(11)在秘鲁发现了中国铭文的青铜器。

(12)按加文·孟席斯的意见,船的遗骸、血型、建筑、

① 孟席斯多次提到美洲民族的 DNA(脱氧核糖核酸)与中国人的联系。但质疑孟席斯"新说"的学者说,这涉及美洲民族与亚洲民族的渊源关系,它与郑和发现美洲没有直接关系。实际上,早在1590年,法国学者阿科斯塔就从人种和地理联系的角度,率先提出了最早的印第安人是经过白令海峡从亚洲来到美洲的观点。自从那时候以后,越来越多的事实不断证明这个观点的正确性。也有学者认为,美洲早期居民的人种,尚有其他许多来源,如大洋洲、印尼、非洲和欧洲。孟席斯关于美洲民族的 DNA 与中国人的联系的说法,许多年前就有科学家进行过深入研究并得出结论。杨立文写道,随着科学技术的进步,关于美洲印第安人与中国人的亲缘关系,已由生物学作出了结论,当然,这个结论是逐步得出的。最初,是在1961年,两位美国科学家通过研究生活在纽约的华人血液发现,6%的华人血液中有一种与众不同的"转铁蛋白"(运转铁质的蛋白),于是将其命名为"转铁蛋白中国"。科学家进一步研究证明,体内有"转铁蛋白中国"的人主要分布在地球上的四个区域:①亚洲东部(包括中国、日本、蒙古、朝鲜、马来西亚、菲律宾和印尼等);②印度次大陆(包括斯里兰卡);③北欧的芬兰人和拉普人也带有"转铁蛋白中国",因为芬兰人的祖先曾在西伯利亚的西部,同黄种人有过密切的接触。④中美和南美北部:这一带的印第安人带有"转铁蛋白中国"的比例非常高,超过了世界上任何地方。到20世纪90年代初,美国佐治亚州亚特兰大市埃墨里大学的道格拉斯·华莱士教授对美洲印第安人和汉人的线粒体中 DNA 进行研究,发现两者的 DNA 中有37个基因是安全相同的。随着基因科学的迅速发展,到90年代末,根据生物高科技手段分析,在美洲印第安人和中国华人人种两者的基因中都含有一种 JC 病毒。这种 JC病毒共分七大类,父母世代遗传,极少发生变异,也不会引发任何疾病,而在美洲印第安人体质中发现的这种 JC 病毒竟与中华人种具有惊人相同。于是在遗传学上为我们提供了关于美洲印第安人与中华人种之间亲缘关系的一个强有力的证据。(杨立文《从探访加拿大印第安人与中国北方民族文化对比》,中国-加拿大研究第十届年会论文,2002年,打印稿)。

绘画、风俗习惯、语言学、服饰、技术、人工制品、染料、植物和动物在中国和南美洲之间的迁徙，都可以看到中国对中美洲和南美洲太平洋海岸一带以及内陆的影响。其影响范围如此之广和影响之深，人们几乎可以称那个时代的南美大陆为"中国美洲"。

加文·孟席斯说，他发现有 1000 多种书提供了众多的证据，说明在哥伦布之前中国人航行到了美洲。

第三十九章
孟席斯的推测（八）
—— 周闻船队曾在北美洲和北极探险

上文说道，在加勒比海附近，中国舰队随着洋流分成了两支，洪保等航向南美洲，周闻的分艨船队向西北航行，穿过加勒比海，航向北美洲，时间大约是在永乐十九年九月（1421年10月）。周闻船队在加勒比海的航程是这样的：首先到瓜德罗普岛，遇到吃人的加勒比人后立即驶离；然后考察波多黎各岛，又遭风暴袭击；再沿着古巴的东北海岸，一直向北驶向安德罗斯岛（Andros Island）的东面，直到大巴哈马岛（Grand Bahama）。

今天人们在其附近发现8条未明身份的失事船，此地应是中国船队进入佛罗里达（Florida）的地方。按加文·孟席斯的推测，宝船队在大巴哈马浅滩搁浅，有些船只失事了。

幸存的船只朝比米尼岛（Bimini）驶去，为了防止靠岸的船体受到进一步的损害，船员们在水下用石块铺了一条滑道，此滑道在1968年被重新发现，被称为"比米尼之路"。

据加文·孟席斯估计，至少有 4 艘宝船沉没在北比米尼岛附近，另外 5 艘废弃在东比米尼岛，其余船修好后重新起航。因船只装载量有限，有一部分船员必须留在比米尼岛上。比米尼岛能养活的人口不超过 100 人，被遗弃的中国人只得涉海 180 海里前往南面的古巴岛。70 多年后，哥伦布第二次西航来到古巴时，遇到一些穿着至膝战袍的肤色较白的人，他一眼认出这是中国人，便以为自己到了亚洲海岸，其实这些人是留在比米尼岛上的中国人的后裔。

加勒比湾的暖流将周闻的船队送到今北卡罗来纳的哈特勒斯（Hatteras）海角，海湾暖流离开哈特勒斯海角后分成了两支。其中的一支流向东北，到达大西洋北部的亚速尔群岛；西面的另一支暖流离开哈特勒斯海角后向正北方向流动，然后缓慢地转向东北经过费城，沿海岸流向长岛（Long Island）、罗德岛（Rhode Island）。

周闻的船队从哈特勒斯海角出发，随着暖流向正北方向行驶。他想方设法地解决船只的破损问题，但还是有 4 艘船因严重毁坏而下沉了。船只上幸存的人员拥挤不堪，周闻决定在海边建立居民点。有一个中国人的居民点就建立在北美罗德岛附近，并在罗德岛的纽波特（Newport）的海角上建造了一座圆形石塔，作为下次救援船来到时寻找的标记。

今天，这座圆形石塔仍然屹立在罗德岛的纽波特的一处公园里。塔的窗户设计和安放位置很接近于中国宋代泉州港口的灯塔。塔的尺寸说明其使用的度量单位和中国明朝的度量单位是一致的：外直径是 2 丈 40 尺，内直径是 1 丈 80 尺。加文·孟席斯认为，这个塔肯定是中国人建造的。离塔约 50 千米的地方的岩石上有象形文字，可能是留在那儿的中国人雕刻的。

有大量证据证明中国人曾在罗德岛的纽波特登陆定居。郑和航海 100 年后，也就是 1524 年，第一批欧洲人才到达那一带海岸，他们记述了一些古铜色皮肤的文明妇女生活在纽波特附近的情况。她们穿着东方式的衣服，头发梳成小髻，如同中国人。看来，这些妇女就是周闻留在那儿的中国人的后裔。

周闻的船队继续向北行驶，有一支分船队随着暖流航行到亚速尔群岛，随后经佛得角群岛和好望角回国。中国人首先发现亚速尔群岛的证据是，这些岛屿出现在中韩绘制的《疆理图》上，绘制的时间比第一批葡萄牙人到达此岛要早。①

周闻的主船队一直向北探险，经过纽芬兰岛，被水流带到分开格陵兰岛和加拿大北部的戴维斯海峡，又在格陵兰的水流的引导下环绕格陵兰岛一周。

---

①　关于《疆理图》有两个说法。孟席斯认为表示了亚速尔群岛（北大西洋中一群火山岛，据称是葡萄牙人发现的，哥伦布第一次西航归来时经过该群岛）的《疆理图》(kang nido) 是 1402 年韩国使臣献给永乐皇帝的，现存的《疆理图》补充了 1420 年以后郑和航海资料，所以，孟席斯用此地图作为郑和船队到达大西洋的证据。但是质疑孟席斯"新说"的学者认定，《疆理图》是权近、李荟等根据朝鲜使臣出使中国时得到的《声教广被图》和《混一疆里图》重新编绘而成，并增加了朝鲜半岛和日本，1402 年成图后并未增加郑和航海的资料（引自孔远志、郑一钧编著《东南亚考察论郑和》，312～313 页）。

为什么中国人想要环航如此荒凉、冰冻的土地呢？因为他们要确定北极的准确位置。临行前，皇帝朱棣命令他们务必穷尽"迤北之国"，他们不敢违背。

况且，那时格陵兰的气候要比现在暖和得多。永乐十九年（1421年），那里是一个有着绿色牧场的地区。每年的3月到9月，牧场上放牧着牛羊，成群的沙鳗鱼在河里自由地游荡，海岸上有众多悠闲的海象在漫步。一句话，格陵兰岛在1421～1422年是可以环航的。小冰期（Ice Age）到1450年才到来，在小冰期来临之前，格陵兰岛还是相当暖和的。如果中国的船队真的像加文·孟席斯所说的那样，曾于1421～1422年环航格陵兰一周，那么中国人在欧洲人首次探险北极腹地4个世纪之前就已深入北极地区至少400余千米。

中国人确实到过格陵兰岛的一个重要证据是丹麦杰出的制图家科劳迪乌斯·克拉维尤斯于1424年（郑和第六次下西洋返国后一年）绘制的一幅地图，这幅地图就是著名的文兰地图。在文兰地图上，格陵兰岛被绘制得如此精确，令人难以置信。当时居住在格陵兰岛上的诺斯曼人（Norsemen）毫无绘图知识，文兰地图作为根据的原始地图只能是中国人绘制的。

中国人确实到过格陵兰岛的另一个重要证据是1448年罗马教皇尼古拉斯五世写给冰岛主教的信，信中说，大约30年前，一群异教徒袭击了格陵兰岛的原住民。

如果中国人环航格陵兰岛一周是真的，那么他们绕过格陵兰岛的北角时，离北极的南端正好是180英里。中国人只需向北航行 180 英里,不到两天的航程就到北极了。当时北冰洋没有完全冰冻,格陵兰岛北角有一条舌状水流直到北极,如果中国人顺着这条水流航行两天,完全可以达到北极。因此,加文·孟席斯认为,中国人确实比欧洲人早 5 个世纪到达了北极。

中国船队离开格陵兰岛后,水流和季风将他们推向了冰岛。70 多年后,哥伦布在冰岛发现了中国人到过的遗迹,他亲笔写道:"有人从东方的中国到达过冰岛。"

中国船队离开冰岛后,从北部的高纬度地区返航,经喀拉海、拉普捷夫海、楚科奇海和白令海峡回到中国。

中国人曾航行过这一高纬度地区的证据是前已提到的 1507 年出版的瓦尔德塞米勒世界地图,这张地图展现了从西边的白海(White Sea)到东边的楚科奇(Chukchi)半岛和白令海峡(Bering Strait)这一段西伯利亚(Siberia)北部海岸。整个海岸有河流、岛屿,明确可辨。如果不是中国人,谁能观测了这么广阔的海岸线?除非中国人到过这里,否则如何能绘制出这张海图?三个世纪之后欧洲人才发现这片土地。俄罗斯人对西伯利亚的首次考察也在两个世纪之后,而首张俄罗斯地图直到 19 世纪才出现。唯一合乎逻辑的解释是,当周闻船队经过了这一高纬度地区、随后穿过白令海峡回国时,绘制了详细的地图,成为瓦尔德塞米勒世界地图的原始版本。

所以加文·孟席斯赞叹说,此时中国海军将领周闻已完成了一个划时代的航海发现。①

　　以上五章（从第三十五章到第三十九章）所讲的是加文·孟席斯对郑和的分䑸船队（他以洪保、周满和周闻作为代表）环行世界的设想而并非定论。本书详细介绍这方面的资料，是为了使读者了解这一引起广泛反响的新说。

---

　　① 孟席斯讲述周闻船队的航程相当具体：从大西洋佛得角→加勒比海→瓜德罗普→波多黎各→佛罗里达→罗德岛→加拿大东岸→绕格陵兰岛北岸→冰岛→穿过北冰洋→白令海峡→日本列岛以东→中国。质疑孟席斯"新说"的学者说，这样的航程缺乏文献和考古的根据。关于周闻其人，文献上有简单记录：1983 年江苏太仓发现的《周闻墓志铭》载，周闻（1385—1470），祖籍淮西合肥。曾随郑和五次下西洋（即第三至第七次），其中包括永乐十九年（1421 年）那次，即第六次下西洋。墓志铭记为"辛丑继往，而中道取回"。今人推测，周闻本人由于某种原因而未能完成全程。而且，他回来得比郑和大䑸宝船回国还早。在一年左右的时间里，周闻绝对没有可能如孟席斯书中所述带领船队航行到大西洋佛得角，经加勒比海，绕格陵兰岛北岸，穿过北冰洋，越白令海峡回国。何况 1403 年周闻调任太仓卫百户，后因随郑下西洋有功，1414 年晋升至卫右所的副千户，世袭阶武略将军。作为一名武官，周闻不大可能被授权率领船队去长途探险。（引自孔远志、郑一钧编著《东南亚考察论郑和》，311 页）

第四十章
结　语

　　按加文·孟席斯的设想,庞大的郑和宝船舰队的各分船队在海上漂泊了两年半之后,残存的船只于永乐二十一年九月(1423 年 10 月)以前陆续艰难地驶回故土。这时国内发生了重大变故:老皇帝朱棣远征失败,快要死了,京都掌权的是反对西航的新皇帝朱高炽。郑和的部下丝毫不知情,以为他们回国时肯定会受到英雄般的欢迎。他们的航行已取得了巨大成功,到达了无数处未知之地,并不断地增加了他们的航海知识。可是,取代称赞和赏赐的是返回的海军将领们被当时掌权的那些权贵们所冷落、唾弃和惩治,因为他们的事业耗费了那么多的钱财,损失了那么多的船只,牺牲了那么多的士兵和水手,回来时却两手空空(带回的尽是些蒲桃、石榴、大鸟蛋等无用的东西)。仅仅郑和被赦免而未被削去官职,也未当众受辱,其余的将领们都被解职,甚至遭到鞭笞和下狱,他们就更不敢将他们在海上的发现公诸于世,免得罪上加罪了。

加文·孟席斯感叹地说,为了使那些热衷航海者从此断念,明朝政府兵部大臣刘大夏烧毁了所有的郑和航海记录,于是,有史以来最伟大的、最珍贵的航海遗产永远失传了,中国在非洲、澳洲、南北美洲建立的属地被放弃而置之不管,中国历史倒退了几个世纪。

加文·孟席斯立意要复原郑和船队的功绩,于是花了14年时间研究这段中国船队的惊人之旅。他应用得天独厚的天文导航绘图以及航海专业知识并广泛搜集古地图、东西方的断简残编的证据来支持自己的观点,写成石破天惊的研究成果:《1421:中国发现世界》。

《1421:中国发现世界》一书于2002年11月在英国第一次印刷,到2005年止已被翻译成多种文字,在65个国家发行,售出100多万本,作者的网站每天都有1000名以上的访问者。好莱坞的电影制片人萨曼塔·奥尔森说,他准备将1421年中国船队发现世界的故事制作成电影。

《1421:中国发现世界》一书的出现使西方世界开始重新审视中国在世界中的作用。早在20世纪40年代,英国历史学家汤恩比就预言21世纪将是中国人的世纪。中国人勤劳、勇敢、积极进取又善待邻邦,发现了世界,但不掠夺这个世界,反而充当拯救世界的角色。中国拯救世界和中国发现世界是同一个意义的两个方面。这本书畅销的原因是当前世界面临的种种危机和衰退造成了普遍的恐慌心理,人们不想追究其中的内容是否绝对真实,甚至愿意将其当成一本寓言故事来读。

一项新说刚问世时必定会遭到一些人的反对,加文·

孟席斯的"新说"也不例外。在反对的人士中,既有西方
学者,也有中国研究郑和的专家。西方学者认为加文·
孟席斯的"新说"臆测成分过大,缺乏学术的严谨性,有误
导和愚弄读者之嫌;中国学者强调加文·孟席斯的说法
在中国现存文献中找不到根据,或与文献上的记录不符
合,立论过于牵强,无法证实。

　　即使加文·孟席斯讲述的完全是神话,我们中国学界
也不必急于反驳。上文已指出,郑和不仅属于中国,因其
活动范围超过了本国的疆域,他也属于全世界。我们应
容许外国学界和有兴趣的人士对他的功绩进行分析探
讨。何况加文·孟席斯提出了许多科学论证和实物证
明,他是让事实说话,并非凭空臆造。对国外的研究成果
充耳不闻、视而不见,不是好的治学态度。不能单凭中国
古籍没有记载,就断然否定一项有世界影响的研究成果。
古籍只能保存很少一部分史实,不能代表一切,90%以上
的史实已经湮没,只能凭推断来复原。古代许多没有任
何记载的文明,今天也能通过考古等手段加以复原。认为
古籍上没有记载的东西就绝对不存在,只会陷入误区。古
籍只能提供一方面的证据,学界要根据考古发掘、实物、传
说、轶闻、情景再现和复原才能判明一项推论是否正确。

　　加文·孟席斯等人的观点反映了西方人的新思考:即
15～16世纪的航海活动和地理大发现并非西方的欧洲人
单方面进行的,东方的中国也加入了其中,而且与西方人
同步进行。哥伦布发现新大陆的功绩和麦哲伦环球地球
航行一周的功劳固然不应抹杀,但有证据表明,中国人也

许早就发现了美洲和澳洲,并且完成了环球航行。所以,在地理大发现史中,也应给中国人一席地位。

例如,据记载,第六次下西洋中,郑和的大船队于永乐二十年(1422年)回国,可直到洪熙元年(1425年),杨敏、李恺等的分船队仍在乌龟洋上航行,至少航行了四年,是郑和船队航海历史中持续时间最长的一次航行,足足可以环绕地球两周以上。究竟他们去过哪些地方,发现了哪些岛屿或大陆,至今仍是个未知的谜。对于这一支分艨船队,加文·孟席斯的书中也没有提及。①

---

① 关于郑和第六次下西洋,张维华先生引用了一则资料应引起充分的重视:"据云:向觉明先生藏有清初钞本残卷,本题序跋并缺,疑为古籍《针位编》之一种,中有一条云:'永乐十九年奉圣旨,三保信官杨敏,字佛鼐,泊郑和、李恺等三人往榜葛刺等番邦,周游三十六国公干,至永乐二十六年,忽遇风浪……'"(见张维华主编《郑和下西洋》,人民交通出版社,1985年,第50页)。联系明成祖永乐十九年十月十六日给郑和等的敕书,我们知道,郑和大艨宝船是在永乐十九年(1421年)冬成行,翌年八月回国。而上述向觉明藏有清初钞本残卷说明郑和船队中有的船只至永乐二十三年(1425年)尚未回国。郑和下西洋即使去东非,往返也只有两年。那么,起航后四年未返的船只究竟到何处去了呢?这艘船不可能有计划地离开郑和的西洋航路去探索新天地的。那么,是否有可能"遇风浪"被迫漂流到加勒比海呢?这种可能不能完全排除。然而,质疑孟席斯"新说"的学者说,中国史籍上没有记载那四年中有郑和船队的船只(更没有记载分别由洪保、周满、周闻和杨庆率领的分艨)"绕过了好望角……又探勘了南北极、南北美洲,以及横越太平洋到达澳洲"。当时中国的船队也不可能如孟席斯所说已"解决了计算经纬度的问题",否则,《郑和航海图》也不可能没有显示经纬度。

退一步讲,即使郑和船队中有个别船只因狂风恶浪被迫漂流加勒比海或其他新的地域,倘若没有后续行动或对那些地域的开发作出贡献,那也谈不上真正意义上的"地理发现"。(引自孔远志、郑一钧编著《东南亚考察论郑和》,316页)

　　当前最为迫切需要搞清的是一系列有关的问题,其中之一是郑和航海分艨船队的活动范围,要将近来提出的郑和船队的分艨船队是否绕过好望角进入大西洋实现环球航行的论证进一步审核,确定真相。这项工作,工作量相当繁重,要做广泛的文献、遗物、传说调研,要靠全世界史学界通力合作才能完成。

　　这些意见若能得到进一步证实,15～16世纪世界性的大航海活动的内容就会比过去学术界公认的更加丰富。

　　不管加文·孟席斯等人的意见能否被证实,15～16世纪世界大航海的意义都是堪称巨大的。在这100多年的时间里,中国人与欧洲人先后从欧亚大陆的两端,分别进行了空前的向海洋的大进军。这一场大进军不仅显示了人类征服海洋的勇气、智慧和才能,更重要的是标志着人类从此进入了一个根本性的历史转折时期;世界各大洲居民相对封闭隔绝的状态,从此渐渐被彼此密切交往、人类渐成一体的状态所代替。

航海生涯、船只规模、经费

第一,航海生涯。郑和七下西洋是 1405 年到 1433 年,前后 28 年。郑和可能死于海外(印度古里)。享年 65 岁(或 63 岁)。哥伦布四次西航是 1492 年到 1504 年,起航比郑和晚 87 年,前后 12 年,哥伦布死于欧洲故乡(西班牙的巴利亚多利德),享年 55 岁。但哥伦布的西航有无数后继者,如麦哲伦等大探险家,而郑和航海是绝响。

第二,规模。哥伦布第一次西航(1492 年 8 月 3 日起航)只有三条小船:平塔号(船长 21 米,乘员 24 人)、尼尼亚号(船长 22.5 米,乘员 26 人)和圣玛利亚号。元帅的旗舰圣玛利亚号全长约 39 米,估计为 250 吨级。其他两船只有它的一半长。第一次西航总共有 90 名船员。第 2

次西航有 17 艘船,载 1200 人(1493 年 9 月 23 日起航)。第 3 次西航有 6 艘船,载 350 人(1498 年 5 月 30 日起航)。第 4 次西航有 4 艘船,载 140 人(1502 年 4 月 6 日起航)。

郑和船队拥有大船 60 多艘,连同小船有 200 多艘。每艘大船载五六百人,最大的船可容纳 1000 人,估计为 1500 吨级,为哥伦布的旗舰的 10 倍。船队共有士卒 27000 多人。大型宝船长 151 米,宽 61 米;中型宝船长 136 米,宽 51 米。除宝船外,还有马船、粮船、坐船、战船、水船等辅助船。

第三,经费。经计算,哥伦布第一次航海的费用约合 10 余万美元。郑和航海的费用远不止此数,估计花费约合数百亿美元。

为什么有这么大的差别呢?因为当时的西班牙是个很小的国家,而且长达 800 年从事复国战争,刚刚复国,一个小小的比利牛斯半岛就分成三个国家:卡斯蒂利亚、阿拉冈、葡萄牙,由于卡斯蒂利亚的女王伊莎贝拉和阿拉冈的国王斐迪南结婚,才将卡斯蒂利亚和阿拉冈合并为一国,西班牙王国才初具雏形,伊莎贝拉女王靠变卖首饰支持哥伦布远航。而当时的明帝国是世界上最大的国家,国土面积接近 1000 万平方千米,所以有能力支撑庞大的郑和船队远航。

具体时间和经过的国家总说

郑和第一次下西洋。郑和第一次下西洋准备动身的时间是永乐三年（1405年）六月（六月十五日奉诏，是年冬出海），返国的时间是永乐五年（1407年）九月二日。经过的国家有占城（今越南中南部，今越南北部是大明版图的交趾郡）、爪哇（今印度尼西亚爪哇岛）、旧港（今印度尼西亚苏门答腊岛的东南部，为南苏门答腊省首府）、满刺加（今马来西亚马六甲自治州首府）、苏门答腊（今印度尼西亚苏门答腊岛的西北端，今称萨马朗加）、锡兰（今斯里兰卡）、古里（今印度半岛西南部喀拉拉邦北岸的卡利卡特，又译科泽科德）等。郑和每次下西洋都是冬季出发，夏季返航，这和印度洋的季风有关。

郑和第二次下西洋。郑和第二次下西洋筹备出发的时间是永乐五年（1407年）九月（九月十三日奉命，是年冬或次年春出海），返国的时间是永乐七年（1409年）夏末。经过的国家有占城（今越南中南部）、爪哇（今印度尼西亚爪哇岛）、渤泥（今文莱）、满刺加（今马来西亚马六甲）、亚鲁（今印度尼西亚苏门答腊岛北岸，临马六甲海峡，今称勿拉湾，离棉兰港22千米）、甘巴里（印度南端的科摩林角）、古里（今印度半岛西南部的科泽科德）、暹罗（今泰国）、柯枝（今印度半岛西南端的科钦）、南巫里（今印度尼西亚苏门答腊岛的西北端亚齐河口的班达亚齐，为苏门答腊国的西邻）、苏门答腊（今印度尼西亚苏门答腊岛西北端）、锡兰（今斯里兰卡）等。

郑和第三次下西洋。郑和第三次下西洋准备动身的时间是永乐七年（1409年）秋（秋天奉命，十二月出海），返国的时间是永乐九年（1411年）六月十六日。经过的国家有占城（今越南中南部）、爪哇（今印度尼西亚爪哇岛）、古里（今印度半岛西南部的科泽科德）、柯枝（今印度半岛西南端的科钦）、暹罗（今泰国）等。

郑和第四次下西洋。郑和第四次下西洋准备动身的时间是永乐十年（1412年）十一月（十一月十五日奉命，大约次年冬天才出海），返国的时间是永乐十三年（1415年）七月八日。经过的国家有占城（今越南中南部）、吉兰丹（在马来半岛）、彭坑（今马来半岛东岸的彭亨河口，与新加坡接壤）、爪哇（今印度尼西亚爪哇岛）、孙剌、满剌加（今马来西亚马六甲）、亚鲁（今印度尼西亚苏门答腊岛北岸的勿拉湾）、苏门答腊（今印度尼西亚苏门答腊岛西北端）、溜山（锡兰岛西偏南，即今马尔代夫群岛）、古里（今印度半岛西南部的科泽科德）、柯枝（今印度半岛西南端的科钦）、南巫里（今印度尼西亚苏门答腊岛的西北端亚齐河口的班达亚齐）、加异勒（在今印度半岛南端东岸）、忽鲁谟斯（今伊朗的阿巴斯港附近的米纳布）、锡兰（今斯里兰卡）、大食（阿拉伯）、米息（埃及）、麻林（在非洲，今天肯尼亚的马林迪［Malindi］一带）、木骨都束（非洲索马里首都摩加迪沙）等。

郑和第五次下西洋。郑和第五次下西洋筹备出发的时间是永乐十四年（1416 年）十二月（十二月十日奉命，次年冬出海），返国的时间是永乐十七年（1419 年）七月十七日。经过的国家有占城（今越南中南部）、爪哇（今印度尼西亚爪哇岛）、满剌加（今马来西亚马六甲自治州首府）、彭坑、南巫里（今印度尼西亚苏门答腊岛西北端的班达亚齐）、苏门答腊（今印度尼西亚苏门答腊岛西北端）、锡兰山（斯里兰卡岛）、柯枝（今印度半岛西南端的科钦）、麻林（非洲肯尼亚的马林迪）、木骨都束（非洲索马里首都摩加迪沙）、卜剌哇（今索马里的布腊瓦，在木骨都束之南）、沙里湾泥、剌撒（红海内，东非厄立特里亚的一个港口）、阿丹（阿拉伯半岛最南端的半岛，即亚丁）、忽鲁谟斯（今伊朗的阿巴斯港附近，即米纳布）、古里（今印度半岛西南部的科泽科德）、溜山（今马尔代夫群岛）等。

郑和第六次下西洋。郑和第六次下西洋最初动身的时间是永乐十九年（1421 年）正月（正月十三日奉命，同年秋出海），返国的时间是永乐二十年（1422 年）八月十八日。经过的国家有旧港（今印度尼西亚苏门答腊岛的东南部）、榜葛剌（今孟加拉）、甘巴里（印度南端的科摩林角）、祖法儿（今阿拉伯半岛阿曼南部的佐法尔省）、木骨都束（非洲索马里首都摩加迪沙）、卜剌哇（今索马里的布腊瓦）等。

郑和第七次下西洋。郑和第七次下西洋开始受命的时间是宣德五年（1430 年）六月（六月九日奉命，次年十二月九日出海），返国的时间是宣德八年（1433 年）七月六日。经过的国家有占城(今越南中南部)、爪哇(今印度尼西亚爪哇岛)、旧港(今印度尼西亚苏门答腊岛的东南部)、满剌加(今马来西亚马六甲自治州首府)、苏门答腊(今印度尼西亚苏门答腊岛西北端)、锡兰山(斯里兰卡岛)、古里(今印度半岛西南部的科泽科德)、忽鲁谟斯(今伊朗的阿巴斯港附近的米纳布)等。

由此可见,郑和航海的区域十分辽阔,包括今天的菲律宾、越南、柬埔寨(真腊)、马来西亚、印度尼西亚、印度、斯里兰卡、阿拉伯半岛、东非等地,从东太平洋到印度洋,一直到红海。

哥伦布航海的地域:哥伦布航海发现的地方很有限,都在中美洲(古巴岛、海地岛、牙买加岛以及华特林等小岛,还到了现在的洪都拉斯、哥斯达黎加、巴拿马等地,没有发现墨西哥),南美洲只到了东北角的委内瑞拉。他没有发现南美洲大陆,也没有发现太平洋。他至死仍认为他发现的是印度。

经济效益和对后世的影响

第一,就经济效益来说,明帝国的投入大得惊人,但产出不多,所以无法后继。西班牙支持哥伦布西航,投入极少,但产出之大,无法计算。更重要的是,哥伦布开创了一个新时代:对欧洲来说,哥伦布航海开创了一个地理大发现的新时代:人类对自己居住的地球有了一个全面的了解,从此打开了西方进入美洲的大门,欧洲人络绎接踵到达新发现的地区。郑和航海没有开辟一个中国人航海的新时代。

第二,哥伦布促成一个西班牙美洲:哥伦布为自己服务的国家西班牙带来很大的利益,特别是,为西班牙民族和西班牙文化、语言打开了进入一个新的疆域的大门,从此以后,北起加利福尼亚和新墨西哥,南边延伸到麦哲伦海峡的整个疆域,都说西班牙语(Spanish),被称为西班牙美洲,都被西班牙人的后代(或西班牙人和原住民的混血)居住着,连岛国一起算有数十个国家。郑和航海为华人进入东南亚打开了道路,但并没有在海外建立华人的国家,新加坡除外。

第三,哥伦布探险更具有冒险精神:因为从欧洲在大西洋上向西航行,究竟能否达到印度,过去谁也没有试过,茫茫大海,如果找不到陆地,船只上的食粮耗尽,就有死亡的危险。以前欧洲有人多次向西航行,都中途折返。哥伦布出海后,由于多天没有发现陆地,船员开始骚乱,打算杀死他折返回欧洲,哥伦布成功地平息了骚乱,坚持到底,终于发现了美洲。郑和航海是沿着宋元航海家和阿拉伯人已经知道的航路航行,不需要冒很大的危险。

第四,哥伦布的发现使一个蛮荒状态的大陆跃进到资本主义社会:哥伦布发现美洲之前,这个大陆除了墨西哥、秘鲁等地有文明地区外,大多数地区的印第安人还处于原始状态,如果欧洲人不来到美洲,这个大陆的原始社会可能还要延续几千年,由于哥伦布的发现,欧洲人源源不断来到美洲,使这个大陆在一两百年内就进入了当时世界上最先进的资本主义社会,为这个大陆开辟了一个新的纪元,这终究是整个人类历史上的进步。而郑和的航海没有导致所到达的国家在发展道路上有跳跃式的演进。

第五,哥伦布发现的新大陆后来超过旧大陆:一张白纸,好写文章,哥伦布及其后继者来到美洲后,发现一个和自己国家的发展相差很悬殊的地区,于是可以打碎一切重来。结果欧洲人在美洲建立的国家(美国、加拿大等),在各方面甚至超过欧洲本土。20世纪,战乱差点将欧洲毁灭,幸而美洲国家拯救,欧洲才恢复过来。郑和的航海并没有促使海外建立起进步程度超过中国的国家。

第六,哥伦布探险有很好的反馈:哥伦布写有航海日记,还亲手画了地图,他的后继者每次航行,都绘了很精细的美洲地图,留下了详细的资料,甚至每个小岛屿都有充分的资料回馈。郑和航行没有写航海日志,只有马欢、费信和巩珍等写的《瀛涯胜览》《星槎胜览》《西洋番国志》几本书,给我们留下些许资料。郑和把航海当成一种公务,不是个人的探险,因此未作记录。而且郑和下西洋的官方资料全部被明朝中期重臣刘大夏所毁,或者在清代乾隆时期修撰《明史》后丢弃(只保留一个简短的《郑和传》),所以后世对郑和去过的地方,只能大致推测。至于那些分綜舰队究竟到过什么地方,发现了什么,后人都不知道。若要称得上地理发现,就必须有反馈。所以郑和航海因为反馈资料不足,其地理发现的实际价值远远不如哥伦布。

第七,哥伦布发现新大陆后,新旧两个世界进行了大量的动植物交换:西班牙人从旧世界带来的动植物使新世界焕然一新,包括马、牛、绵羊、猪、甘蔗、小麦和咖啡。与此同时,他们从新世界带回玉米、土豆、西红柿、烟草、巧克力和香草等欧洲闻所未闻的新奇事物。土豆使旧世界的贫民免于饥饿,烟草成了全世界普遍存在的隐患。郑和虽然也由海外带给中国红木、燕窝、珍禽异兽,但其数量和种类没有哥伦布和西班牙人带来和带去的多。

第八,哥伦布发现新大陆对后世有深远影响:无论后人褒贬如何,1492年哥伦布发现新大陆都将永载史册,哥伦布永远都会是发现美洲的最重要人物,不是因为他是第一个发现者,而是因为他是最后一个发现者。近五百年来的产业革命,科学突飞猛进,欧洲强国的崛起,殖民地的分割,海洋大国的竞争,直至20世纪的世界大战,和最近的不同文明的冲突,都和哥伦布发现新大陆的影响分不开。郑和的航海对全世界远没有这么大的影响。

第九,哥伦布发现新大陆使西欧国民收入增加:哥伦布发现新大陆后,西班牙人强迫印第安人开矿,金银源源不断运进欧洲大陆,引起欧洲金银的贬值。但西欧探险家航海,通过殖民探险越来越富,的确是明显的事实:1500~1600年,西欧29国的人均收入逐年递增,从771美元增长到890美元,增长率为15%。西班牙的人均收入尽管起点低,但是增长速度较快,从661美元增长到

853美元,增长率为29%。比西班牙的人均收入增长更快的只有两个国家,一个是英国,100年间人均收入的增长率达到36%,另一个是荷兰,增长率高达82%,令人咋舌。郑和式的航海,重义轻财,他的航海不但没有增加中国人的平均收入,反而是一项劳民伤财的面子工程。因国家财力有限,最后航海也难以继续下去。

第十,哥伦布发现新大陆后将大量黄金白银运回欧洲:哥伦布西航以得到黄金为首要目的。他的后继者变本加厉。1545年,西班牙征服者在秘鲁高山上发现了全球最大的银矿。西班牙征服者在发现白银的矿山下建起了波托西城,很快波托西就成为帝国重镇,人口达到20万(比大部分欧洲城市人口还多)。此后两个世纪,从波托西城运回西班牙的纯白银的重量约为45000吨。随后,西班牙征服者又找到其他富含贵重金属的矿山。西班牙护航舰队(一次多达100艘)每年送运170吨白银,跨越大西洋,最终停靠在西班牙塞维尔港口。其中有1/5的白银会留给统治者,占王室总开支的44%。郑和航海是为了宣扬国威,因杀死中国士兵170人,中国只要爪哇西王赔偿一万两黄金,其他的余额免除,说明中国人远没有欧洲人那样贪得无厌。

第十一,郑和航海不杀害当地原住民;哥伦布发现新大陆后,大量西班牙殖民者蜂拥而至,他们屠杀、绝灭当地的印第安人,掠夺式地开采当地的自然资源,疯狂破坏当地的自然环境,因而引起原住民的激烈反抗。郑和航海的后继者(华侨)和当地人友好相处。

第十二,郑和航海没有创建奴隶制度:哥伦布的后继者,包括西班牙人,葡萄牙人,英国人、法国人、荷兰人,除了屠杀当地原住民外,还绑架大量黑人和华人、印度人到美洲做奴隶,在美洲建立了奴隶制度,存在五百年后才逐渐消除。而郑和航海并没有将原住民抓捕做奴隶,没有西方那样的奴隶船,更没有创建新的奴隶制度。

第十三,郑和航海没有占领所到的国家:哥伦布每到一个地方登陆,便插上西班牙的旗帜,宣布该地是西班牙的领土,他的做法为西班牙人日后占领中美洲和南美洲提供了根据。西班牙还幻想和葡萄牙瓜分世界,后来因为荷兰、英国、法国等崛起,才没有得逞。郑和只在印度古里立碑,说明中国的船只到过这地方,并不占领该地。

第十四,郑和航海对俘虏的国王实行宽大:郑和捉住锡兰国王,不杀,释放回国,不但不要锡兰的赎金,反而在锡兰布施佛教。哥伦布的后继者西班牙人弗朗西斯科·皮萨罗捉住印加人的国王做人质,索取了一屋子的金银财宝,又将其杀掉。详细情况是这样的:1530 年,弗朗西斯科·皮萨罗受命起航征服印加帝国,两年后,他只凭 27 匹马和 180 名士兵之力就成功地击溃了印加帝国,并生擒印加国王阿塔瓦尔帕。1533 年,双方谈妥,国王性命的赎金是一大笔金银,金银要在囚室内堆到伸手所及的高度。为了赎回他们的国王,印加人想方设法开采出成千上万磅黄金、白银。这间囚室长约七米,宽约五米,据说堆积了黄金 13000 多镑,白银 26000 磅。可是,历史上最不光彩的一幕发生了:1533 年夏天,皮萨罗断定印加人再无金银可提供,照样处死了国王阿塔华尔帕,只把烧死改成了绞死。

第十五,郑和航海在海外建立基地与当地人和平相处:1493年1月,哥伦布首次西航,在伊斯帕尼奥拉岛(海地岛)上建立了第一个殖民点,取名为纳维达德(圣诞堡),留下了39名船员。可数月之后,也就是同年11月,哥伦布第二次西航来到纳维达德堡时,发现那39名船员因胡作非为全部被原住民杀死,一个也没留下。相比之下,郑和在海外建立的满剌加基地和旧港宣慰使司却能稳固地长期存在。为什么呢?原因在于,郑和使用的是赏赐、封赠、进香、公平交易等和平友好的外交手段,而西班牙人采用的是侵略、攻击、掠夺、屠杀、强奸等残暴手腕。

第十六,明朝政府不实行种族歧视和宗教迫害:1492年不仅是克里斯托弗·哥伦布发现美洲大陆的年份,而且是西班牙帝国经济发展的转折点,其中有两个不相关的理由。经过8个世纪的收复失地运动,卡斯蒂利亚的天主教军队击败顽强抵抗的格拉纳达酋长。1492年1月2日,格拉纳达酋长向斐迪南二世和伊莎贝拉一世投降。同年,西班牙国王决定驱逐境内的犹太教徒,这是已实行了10多年的宗教迫害的扩大化。1492年3月的最后一天,斐迪南二世和伊莎贝拉一世发布了臭名昭著的阿兰布拉诏书,下令在4个月内将不少于15万的犹太人逐出西班牙。留在境内的犹太人被迫改信基督教,可以保留私人财产,但依然有可能遭到迫害。这种对犹太人的迫害发展到20世纪,成了希特勒在毒气室中消灭欧洲600

万犹太人的暴行。郑和航海时期，明朝政府没有实行过种族迫害和宗教迫害。明成祖平等看待一切种族、民族和宗教。

第十七，郑和航海是和平旅行，不会引起骚乱：哥伦布等殖民者对原住民的残忍的掳掠和杀害，引发了新大陆殖民点的长期骚乱和战争，哥伦布因无法稳定伊斯帕尼奥拉岛上的局势，于1500年10月被戴上脚镣手铐，押送回国。可他的继任者又如何稳定局面呢？靠的是完全绝灭当地的印第安原住民。新总督奥万多上任后，先后绞死或活活烧死的印第安酋长至少有80个。西班牙人随即就把群龙无首的印第安人的愤怒反抗浸没在血泊中。伊斯帕尼奥拉岛上原住民的人数原先有30万人左右，自白人来后，短短两年，竟锐减了三分之二；到1548年时，只剩下500个了。古巴岛原来也有30万印第安人，至1548年差不多已经绝迹；白人发现新大陆时，其船只最先停泊的地方是巴哈马群岛，岛上的原住民泰诺人热情欢迎外来者，毫不吝惜地供给他们食物和必需品，可是在白人来到12年后，这个群岛上差不多一个印第安人也没有留下，全部遭到杀害。后来，西班牙殖民者占领了整个中南美洲，杀害的印第安人总共有1500万之多。只有极少数十分坚强的印第安人才存活下来。郑和航海是和平旅行，他做的都是协调和缓解海外各小国的关系，没有引起无法平息的骚乱。

第十八，郑和航海每次都受到当地人的欢迎：哥伦布后来又乘船返回新大陆，可是他几乎无法在任何地方立足,他原打算在贝伦河畔开采金矿,可是,他派一个船长和其同伴 11 人上岸补充淡水,结果都被从树丛中冲出的原住民杀死。哥伦布听到船长被杀,立时昏迷过去。他只好带领几艘漏船在海上漂荡,最后困处牙买加岛,众叛亲离,一年后才被救援回国。印第安人对哥伦布至今很反感。与哥伦布到处碰壁、走投无路的困境相反,郑和每到一个地方,都受到原住民的欢迎,他航行七次,每次都受欢迎,东南亚人至今纪念郑和。

第十九,郑和航海尊重当地的文化传统:哥伦布的后继者西班牙人还有一层罪恶:他们毁掉了几个美洲的文明古国(如玛雅古国、印加古国),这些古国的文物都被毁掉了,极少保存至今,玛雅人的文字至今没有解读。郑和在海外虽有战事,但没有破坏当地的文化传统。

第二十,郑和航海即使和当地有冲突,处理也很仁慈和宽容:而哥伦布发现新大陆,孕育出好些殖民帝国,到 20 世纪初期,这些殖民帝国已经强大到可以组成联军进攻中国了。庚子年(1900 年),中国拳民杀死一个德国使节和一个日本书记官,引来八国联军(西方殖民帝国英、法、德、意大利、美国、奥匈帝国及日本的联合力量),杀死数百万中国人,并且在 1901 年,强迫清政府签订《辛丑条约》,勒令中国赔款四万万两白银,俄国占领东北,引发日俄战争,为"九一八"事变留下了祸端。可当年(1405 年)爪哇西王杀死郑和带领的兵士 170 多人,明朝皇帝只要他们赔偿一万两黄金。

本书人名、地名和其他专有名词一览表

人 名

郑和　马三保　马三宝　福善　耶稣　苏干剌　施二姐
施济孙　马克思　马拜颜　察尔米的纳　赛典赤　赛典赤·
瞻思丁　马哈只　马文铭　纳速别丁　哈散　忽辛　苫速
丁兀默里　马速忽应昌　汤和　傅友德　温氏　汉武帝
巴咱尔　蓝玉　沐英　哥伦布　公晓　冯胜　耀珠　鼐尔
布哈　马皇后　僧道衍　姚广孝　齐泰　黄子澄　席应真
　袁琪　耿炳文　李景隆　盛庸　铁铉·曹参芳　刘叔勉
　程济　溥恰　袁忠彻　张辅　蹇义　方孝孺　胡濴　张
三丰　塔海帖木儿　沈秩　侯显　尹庆　马彬　张谦　宋
晟　黄省会　足利义满　利玛窦　哈三　刘大夏　达·伽
马　麦哲伦　王景弘　王三保　费信　王贵通　洪保　杨
敏　李恺　杨庆　李兴　朱良　周满　杨真　张达　吴忠
　林贵和　朱真　王衡　马欢　宗道　郭崇礼　汪大渊
梁启超　法显　胜慧　周福　玄奘　辩机　马可·波罗
吴尔恩　黎季犁　黎澄　孟琪　章太炎　都马板　钱谷
梁道明　谭胜受　杨信　施进卿　黄巢　陈祖义　张寅
闻良辅　宁善　宰奴里阿必丁　窦宪　丘彦诚　释迦牟尼
　罗刹女　孔子　汤恩比（Arnold Toynbee）　李约瑟　何
八观　张燮　郑昭　陈伦炯　陈存仁　杨文瑛　阿烈苦奈

儿　纳颜　耶巴乃那　巫宝纳　宋蕴璞　陈六使　淡李宝　弗朗索瓦·德勃雷　陆采　鲁宾孙　方宾　哈利之汉　哈尼者罕　阿卜赛　吕震　金幼孜　林默　唐敬　穆罕默德　奥万多　李白　杜甫　杨荣　孙中山　伯乐　诸葛亮　刘备　魏征　夏原吉　陈士启　索朗·吉瑞(Soenang Giri)　恭定　李隆　朱卜花　唐观保　朱瞻基　黄原昌　冯春　汪福　祝允明　顾炎武　加文·孟席斯　朱阿尼·皮齐加诺(Zuane Pizzigano)　卡罗尔·厄内斯(Carol Urness)　亨利亲王(Henry the Navigator)　Φ.Φ.别林斯高晋　М.П.拉扎列夫　R.阿蒙森　R.斯科特　詹姆斯·库克(Captain James Cook)　尼科洛·达·康蒂(Nicolo da Conti)　皮里·莱斯(Piri Reis)　茅坤　周闻　敦·佩德洛(Dom Pedro)　波焦·布拉乔利尼(Poggio Bracciolini)　卡布拉勒　迪亚斯　慧深　安东尼奥·加尔旺(Antonio Galvao)　敦·佩德洛　科劳迪乌斯·克拉维尤斯　敦·费尔南多　塔瓦雷斯(Tavaris)　阿贝尔·塔斯曼(Abel Tasman)　勒·康提·瓦斯·德·克尔格伦(Le Comte Vves de Kerguelen)　萨曼塔·奥尔森　佩德罗·费尔南兹·德奎洛斯(Pedro Pernandez de Quiros)　若昂·罗兹(Jean Rotz)　马丁·瓦尔德塞米勒(Martin Walolseemuler)　赫马尔多·德·阿拉尔孔(Hermado de Alarcon)

古今国名、地名

南京　美洲　澳洲　西洋　东洋　北京　西域　西贡　安

南　爪哇　古里　燕然山　旧港　渤泥国　锡兰山　暹罗
九州山　苏门答腊国　加里曼丹岛　阇婆　麻林国　祖
法儿国　马府街　云南　布哈拉　交趾　越南　湖广行省
萝檗国　内蒙古　克什克腾旗　达来诺尔　四川　成都
西安斡尔密　南诏　大礼　大理国　昆阳州　昆明　阿
拉伯　普化力国　乌兹别克斯坦　热内亚　西班牙　北平
金陵　河北　武邑县　保定　永平　淮北　淮河　扬州
瓜州　镇江　龙潭　郑村坝　山东　聊城帖木儿汗国
塞外　漠北　西亚　蒙古　察合台汗国　帖木儿　中亚细
亚　撒马尔罕　伊朗　印度　土耳其　琐里　印度半岛
大兴县　昆山县　金川门　大明帝国　日本　渤泥　乌斯
藏　西藏　中华　前后藏地区　福建行省　马来西亚　琐
里　南海　印度洋　别失八里　新疆　太仓　黄渡　泉州
明州　浙江　鄞县　默伽国　乌龟洋　忽鲁谟斯　波斯
湾　阿拉伯半岛　也门民主人民共和国　广西　桂平　福
清　欧洲　葡萄牙　荷兰　英国　非洲　广州　真腊　琉
球　太平洋　朝鲜　中国　福建　广东　象郡　九真郡
日南郡　新大陆　大西洋　南洋　文莱　南洋群岛　婆罗
洲　意大利　泰西　江苏　帕洛斯港　东南亚　闽南　台
湾　尼八剌　尼泊尔(Nepal)　地涌塔　孟加拉　沼纳朴
儿国　贝拿勒斯(Benares)　江普尔　天方　会稽　绍兴
湖南　马来半岛　麻六甲　占城(Champa)　环王国
占不劳　占婆　灵山　大岭角　达别山　高棉　隋唐　扶
南　隋朝　占腊　甘字智国　昆仑(Dao Con Lon)　昆山
(Con Son)　宾童龙国　罗斛国　暹国　清国　曼谷

(Bangkok) 彭坑 彭亨 彭亨河口（Kuala Pahang） 新加坡 北干（Pekan） 东西竺 东竹山 西竹山 奥尔岛（Pulau Aur） 潮满岛 Aur（竹） 龙牙门 林加群岛（Lingga Is） 交栏山 勾栏山 交阑山 格兰岛（Pulau Gelam） 苏禄（Sulu） 散巴角（Tanjung Sampar） 勿里洞岛（Belitung Is） 假马里丁 假里马达 卡里马塔群岛 卡里马塔岛（Pulau Karimata） 鸡笼屿 吉宁马哪 麻逸冻 麻里东 麻叶瓮 爪哇海 印尼 巽他群岛 边丹 印度尼西亚 爪哇岛（Pulau Jawa） 诃陵 耶婆提 阇婆 厨闽 格雷西 锦石 苏腊巴亚 泗水 漳沽 香港 重迦罗 马都拉岛（Madura） 吉里地闷 吉利闷 吉利问 吉利门 卡里摩 爪哇群岛 卡里摩 爪哇岛（Pulau Karimunjawa） 剌加 青云亭 亚鲁 阿鲁阿路 亚路（Aru） 里河 勿拉湾（Belawan） 棉兰港 阿鲁湾（Teluk Aru） 九州山 森美兰群岛（Sembilan Is） 霹雳河口 伯拉斯巴萨角 三佛齐 干陀利 巨港 苏禄群岛 巴邻旁（Palembang） 慕西河口 南苏门答腊省 萨马朗加（Samalanga） 亚齐 南巫里 亚齐河 班达亚齐（Banda Aceh） 那孤儿 花面王国 实格里（Sigli） 黎代 龙涎屿 韦岛 龙多岛（Pulau Rondo） 翠蓝屿 孟加拉 安达曼海 大尼可巴岛（Great Nicobar I） 台湾海峡 裸人国 榜葛剌 Bengal 科钦（Cochin） 阿勒皮 大小葛兰 固兰 奎隆（Quilon） 卡利卡特（Calicut） 东沙群岛 海南岛 卡拉叶河（Kallayi R.） 锡兰 狮子国 溜山国 溜山洋国 锡兰岛 马尔代夫群岛 阿曼 佐法尔

省　萨拉拉　米尔巴特　亚丁(Aden)　亚丁湾　阿曼湾
番邦　阿巴斯港(Bandar Abbas)　米纳布(Minab)　格
什姆岛　刺撒　红海　东非　厄立特里亚　闽粤　闽江
阿拉伯也门共和国　伊萨角(Ra's Isa)　木骨都束　索
马里　摩加迪沙(Mogadishu)　布腊瓦(Brava)　巴拉韦
(Baraawe)　竹步　朱巴(Juba)　高棉　沙特阿拉伯　也
门　甘巴里　吉阑丹　孙剌　加异勒　大食　米息　埃及
肯尼亚　马林迪(Malindi)　沙里湾泥　钟山　狮子山
太仓　刘家港　刘家口　刘河　浏河　太湖　娄江　长
江　苏州　刘家河　浏河港　娄家港　长乐县　太平港
五虎岛　五虎门　罗湾头　藩朗　嘎那角(Mui Ca Na)
巴打浪角　巴达兰角　威尼斯　中南半岛　菲律宾　吕宋
岛　林加烟湾　马尼剌(Manila)　大虞　板达　三宝垄
(Semarang)　莆家龙　大港　顺塔　印尼群岛　字令达哈
亚列加恩　狮头山　三保墩　茂物市　雅加达　里汶
舢板跳　邦加岛　爪哇国　阇婆(Juva)　杜板(Tuban)
新村(Geresik, Grisse)　苏鲁马益(Surabaya)　满者伯夷
(Majapahit)　惹班(Mojokerto)　金星海港　巴刹(市场)
安卒　福地　太平天国　万隆　巽他海峡　黄河　马来群
岛　干陀利　室利佛逝　漳州　南海县　燕国　汉水　福
州港　马六甲海峡(Str. of Malacca)　满剌加(Malacca)
马六甲　麻六甲　吉隆坡　南国　美国　五屿　拜里迷苏
剌　满剌加海峡　东海　阿拉伯海　苏门答腊岛(Suma-
tra)　马合漠　萨马朗加(Samalanga)　亚齐特区　喀拉
海　尼科巴(Nicobar)群岛　麻那惹加那　斯里兰卡(Sri

Lanka) 别罗里港 科伦坡(Colombo) 小葛兰 沙米的
泰国(Thailand) 柬埔寨(Cambodia) 阿拨把丹 科摩
林角(Cape Comorin) 石子冈 退旺 裸形国 女儿国
折利呾罗 达罗毗荼国 建志补罗城 泰米尔纳德邦 马
德拉斯 西印度 五印度 僧伽罗 僧伽罗国 派勒瓦
迦毗罗城 悉达多 乔达摩 白象国 黄袍国 大城府
(Ayuthia) 湄南河 巴塞河 马六甲市 马来西亚 马
来西亚国 伊散干达沙 淡马锡 君士坦丁堡 地中海
亚洲 森美兰群岛 陕西 南印度 南亚 急兰丹 吉阑
丹河 法国 哥打巴鲁(Kota Baharu) 吉阑丹州 锁丹
罕难阿必镇 花面国 实格里(Sigli) 好莱坞 霍尔木兹
海峡(Str. of Hormus) 波斯 伊儿汗国 米息 中东
地中海 阿丹(Aden) 阿曼 马斯喀特(Mascat) 苏尔
(Sur) 佐法尔(Zufar) 阿曼苏丹国 阿赛尔角(Ras A-
ser) 哈丰角(Ras Hafun) 索马里海 卜剌哇 朱巴河
(Jubba) 马林迪(Malindi) 慢八撒 蒙巴萨(Mombasa)
索马里共和国 非洲之角 曼德(Mandeb)海峡 秩达
吉达港(Jiddah) 麦加(Mecca) 默德那 麦地那(Me-
dina) 仪凤门外 龙江 行在 莆田县 湄洲屿 东亚
湄洲 丹东 营口 秦皇岛 天津 上海 宁波 北部
湾 江西 景德镇 贵州 镇远 厦门 可亦里 柯枝
(Koci) 文伯纳德湖(Vembanad Lake) 伊斯帕尼奥拉岛
海地岛 纳维达德 圣诞堡 古巴岛 巴哈马群岛 贝
伦河 牙买加岛 海外中国 大陆中国 本土中国 四大
部洲 东胜身洲 南瞻部洲 西牛货洲 北俱卢洲 居庸

关　太行山　山海关　渥水　苏禄东国　苏禄西国　德州　良港新村　榆木川　多伦　次大陆　赤坎　顺海省　藩切南　格嘎角　牛首山　班纽万吉　日不没国　西南非洲　奥里萨邦　南极洲　南极　中美洲　好望角（Cape of Good Hope）　俄国　挪威　萨塔纳泽斯（Satanazes）　安蒂里亚（Antilia）　沙亚（Saya）　伊马纳　南美洲　加勒比群岛（Caribbean islands）　爪德罗普岛（Guadeloupe）　波多黎各岛（Puerto Rico）　加勒比海　南设得兰群岛（the South Shetland Islands）　巴塔哥尼亚高原（Patagonia）　安第斯山脉（Andes）　厄瓜多尔　南极半岛　格陵兰（Greenland）　北极海（Arctic）　北美洲　北极　澳大利亚　弗拉·毛罗（Fra Mauro）　德迪亚布角（Cap de Diab）　北非　巴西　阿根廷　男女岛（the Isles of Men and Women）　佛得角　昏暗群岛（Obscured islands）　几内亚　莫桑比克　贝拉　加宾（Cabin）　奥斯曼帝国　佛得角群岛　开罗　火地岛　达尔文　南大西洋　南极大陆　卡沃布兰科（Cabo Blanco）　白角　南大西洋群岛　合恩角　哈甫泥　圣安唐岛　夏内拉（Janela）　喀拉拉邦（Kerala）　新英格兰（New England）　扶桑　委内瑞拉　奥西诺科（Orinoco）河　潘达南（Pandanan）　马尔维纳斯群岛（Falkland）　白令海峡　西福克兰岛（West Falkland）　亚当斯山　马鲁古群岛　秘鲁　香料群岛（Maluku Islands）　维京角（Cape Virgines）　阿固若岛　罗马　英格兰　德国　耶路撒冷　龙尾巴（dragon's tall）　麦哲伦海峡（the Strait of Magellan）　东印度　博斯普鲁斯海峡（Bosphorus) 鸟岛 伊斯坦布尔（Istanbul） 库克海峡（Cook Strait) 南极圈 格雷汉姆（Graham）岛 迷幻岛（Deception Island) 博德岛（Bird Island） 赫尔特岛（Heard Island) 巴拿马 克尔格伦群岛（Kerguelen Islands） 西澳大利亚 珀斯（Perth） 天鹅河（Swan） 班伯里（Bunbury) 弗里曼特尔（Fremantle） 米特拉（Mitla） 土阿莫土群岛（Tuamotu) 南澳大利亚 维多利亚 瓦南布尔（Warrnambool) 美林河 菲律宾群岛（Philippines） 塔斯马尼亚岛 智利 墨西哥 危地马拉 斐济 新几内亚（New Guinea) 西非 哥伦比亚 乔卢拉（Cholula） 阿兹特克人（Aztec) 大溪地岛（Tahiti） 吉里巴斯岛（Kiribati) 阿里亚斯（Don Luis Arias） 萨摩亚群岛（Samoa Islands) 加罗林群岛（Carolines Islands） 豪环礁（Hao Atoll) 诺福克岛（Norfolk Islands） 澳洲大陆 悉尼坎贝尔岛（Campbell Island) 坎普海湾（Camp Cove） 纳尔逊湾 新西兰群岛 新西兰南岛 新西兰北岛 夏威夷塔斯曼海（Tasman Sea) 金皮（Gympie） 新南威尔士昆士兰 布理斯班（Brisbane） 沃宁山（Mount Warning) 大堡礁 北冰洋 希克森湾（Hickson Bay） 约克郡 约克角半岛 托雷斯海峡（Torres Strait） 温哥华岛卡奔塔利亚湾（Gulf of Carpentaria) 明多洛岛 阿纳姆地（Arnhem Land) 伽比鲁漫游者矿区（Jaburu Ranger Mines) 伊登（Eden） 比坦加比（Bittangabee） 加拿大纽卡斯尔（Newcastle) 鲁阿佩胡（Ruapuke） 泰米尔泰米尔纳德（Tamil Nadu) 班丹南（Pandana） 新西兰

马拉巴　东德拉岬（Dondra Head）　刚果河三角洲　马塔迪（Matadi）　圣卡塔林那　珊瑚岛　坎佩切　阿罗拉多（Arrorado）岛　峡湾地（Fjordland）　加利福尼亚　阴暗湾（Dusky Sound）　瓦南布尔（Warrnambool）　拜伦（Byron）湾　卧龙岗（Wollonggong）　京比（Gympie）　米尔顿（Milton）　莱特岛　达尔文港　小爪哇（The Little Java）大爪哇（The Great Java）　约克角（Cape York）　加利福尼亚湾　尼阿卡尼湾　复活节岛　哥斯达黎加　旧金山湾　萨卡拉门托河　新墨西哥（New Mexico）　科利马省（Colima Province）　曼萨尼罗（Manzanillo）　瓜德罗普岛　波多黎各岛　安德罗斯岛（Andros Island）　大巴哈马岛（Grand Bahama）　佛罗里达（Florida）　北卡罗来纳　大巴哈马浅滩　比米尼岛（Bimini）　北比米尼岛　东比米尼岛　加勒比湾　乌鲁阿潘镇（Uruapan）　俄罗斯　西伯利亚（Siberia）　哈特勒斯（Hatteras）　海角　亚速尔群岛　费城　长岛（Long Island）　罗德岛（Rhode Island）　纽波特（Newport）　纽芬兰岛　戴维斯海峡　小冰期（Ice Age）丹麦　冰岛　楚科奇海　拉普捷夫海　白海（White Sea）　楚科奇（Chukchi）半岛　白令海峡（Bering Strait）

书籍、诗文、地图、碑牒名

明史　成祖实录　明史稿　逊国正气记　永乐大典　郑和传　西洋朝贡典录　南京天妃官碑　瀛涯胜览　三宝太监下西洋通俗演义　下西洋水程　洋更　星槎胜览　易经

岛夷志略　佛国记唐书　宋朝诸蕃志　大唐西域记　远东
史　诗经　召南　甘棠　布施锡兰山佛寺碑　世界的一半
(Half the World)　郑和士卒伐木图　中国的科学与文明
　东西洋考　暹罗杂记　南洋纪　三保太监七次下西洋考
　冶城客论　五经四书　御制弘仁普济天妃宫之碑　天末
怀李白　娄东刘家港天妃宫石刻通番事迹碑　天堂图　圣
德瑞应　平虏曲　前闻记　天妃之神灵应碑　南山寺碑
三保大人传　1421：中国发现世界　异域图志　吴都文粹
续集　武备志　南洋英属海峡殖民地志略　山海经　1513
年皮里·莱斯地图　明代名人传记辞典　若昂·罗兹地图
　西洋记　泰米尔铭文　管子　酉阳杂俎　郑和航海图
瓦尔德塞米勒世界地图　美国国会图书馆　坎提诺地图
(Cantino)　明尼苏达大学　卡韦里欧(Caverio)地图　中
韩疆理图　文兰地图

古今民族名

色目人　汉人　南人　倭寇　印第安人　大西洋人　回族
　马来人　吠陀族　华人　苗族　华侨　夷狄　吠陀人
唐人　匈奴　释迦族　土耳其人　海外华人　华裔　瓦剌
　阿拉伯人　泰诺人　鞑靼　阿鲁台　女真族　日耳曼人
　外星人　美洲人　毛利妇女　加勒比人　俄罗斯人　诺
斯曼人(Norsemen)

历史事件、学术名词和机构、语言名

马来文　学田　儒家　靖难之役　阿拉伯语　诸葛行军散
　马来语　泰米尔语　Nakkavaram　汉语　波斯文　塔
米尔文(Tamil)　贞观之治　辛亥革命　丝绸之路　明尼
苏达大学　伦敦皇家外科学院　水文学　迪耶普学派
(Diepe School)　亚历山大里亚图书馆(Library of Alexan-
dria)　马拉雅拉姆语(Malayalam)　墨西哥暖流　法老文
明　托普卡皮·塞赖博物馆(the Topkapi Serai)　印加文
明　泰米尔文　加利福尼亚博物馆　玛雅文明(Mayan
civilization)

帝王、朝代、年代名

永乐　五代　宋朝　明太祖　洪武　明宣宗　宣德　朱元
璋　明成祖　朱棣　元朝　元顺帝　朱允炆　明惠帝　南
宋　宁宗　嘉定　成吉思汗　汉朝　元太宗　元宪宗　元
世祖　忽必烈　至元　周王　湘王　齐王　岷王　唐朝
所非尔　伊莎贝拉女王　汉武帝　唐太宗　燕王　建文
洪熙　明世宗　嘉靖　南朝　秦代　南北朝　孝宗　陈氏
　黎氏　陈天平　清代　乾隆　至德　六朝　乾符　东王
　西王　刘宋朝　东汉　北单于　周代　亲王　召公　净
饭王　城主　宣统　神宗　万历　清朝　康熙　至正　正
德　渔翁老王　波斯王　可汗　北宋　建隆　雍熙　宁宗
　庆元　汉唐　盛唐　武德　朱高炽　明仁宗　高皇后

硕妃　咸丰　明英宗　罗马教皇　南齐　永元　亨利八世
宋代　尼古拉斯五世

封号名

三宝太监　三保太监　三保　三保公　咸阳王　忠惠　庆
成郡主　关公　英国公　国师　张天师　巡洋正使　大明
国统兵大元帅　圣墓公　元帅　公公　襄城伯

宗教、文物、古迹、建筑名

报恩寺　孔子庙　明伦堂　学宫　伊斯兰教　孝陵　庆寿
寺　道教　清真寺　菩萨　佛教　天妃海神　妈祖　西域
天方教　三宝井　三宝山　三宝井　三宝洞　天后宫　妈
祖庙　三保公庙　郑和井　伯公庙　镇国山　佛牙宝塔
婆罗门教　佛陀　佛祖　佛教徒　郑和庙　三宝庙　郑王
庙　郑和缸　三宝禅寺　马来西亚博物馆　雉堞　女墙
三宝城　宝山亭　三保公石　东苑　圣母玛丽亚　护国庇
民妙灵昭应弘仁普济天妃　圣玛丽亚　天妃　顺济圣妃庙
　天妃庙　天妃宫　龙江天妃宫　伊斯兰教先贤墓　南山
寺　天妃行宫　三清宝殿　金陵兵工厂　马回回墓　三宝
公庙　印度教　欢喜天（Ganesh）　哈奴曼（Hanuman）
象神　猴神　寿老神　比米尼之路

风俗名

压腰　竹枪会　射柳　圣日

动植物、土产、器物名

麒麟　上猺桂　瑶桂　浔桂　安桂　不剌头　甘棠树　紫
檀木　南美驼马　安第斯山鹿　流连　回力飞镖　龙涎香
美洲狮　长颈鹿（Giri 或 Giraffe）　福禄　驼鸡　大西马
千里马　长角马哈兽　花福鹿　麋里羔兽　驼虞　猫眼
石　碧琉璃　纻丝　蔷薇露　扶桑树　龙舌兰　大树懒
（Mylodon）　瓦拉　袋鼠　磨齿兽　金樱子（Camellia ro-
ses）　苋籽（Amaranth）

船只、星座、磁场名

圣玛丽亚号　宝船　泰米尔船　老人星（Canopus）南十字
星座（the Southern Cross）　北极星　南十字 a 星（Crucis
Alpha）　南十字 r 星（Crucis Gamma）　南极磁

官职、官府、军队名

平章政事　内臣　征南将军　征虏将军　鸿胪寺　翰林院
编修　司礼监　内官监　都事　尚书　司礼太监　宦官
户部　火长　班碇手　民稍　阴阳官　阴阳生　户部郎

中　书算手　都指挥　指挥　千户　百户　旗校　甘肃总
兵　通事　市舶提举司　市舶司　卫所制　卫　指挥使
千户所　百户所　正使太监　副使太监　少监　内监　舍
人　鸿胪寺序班　元军　清兵　安南都护府　交趾布政使
司　捕盗手　舵工　副元帅　大元帅　甲长　瞭望手　番
火长　主官　官厂　车骑将军　锭手　中军帐　中军营
宣慰使司　宣慰使　同知　副使　佥事　经历司　经历
都事　会同馆　太常　中官　举人　舟师　掌教　刑部
兵部尚书　鸿胪少卿　礼部尚书　翰林院　翰林学士　杭
州市舶司　工部　户部尚书　礼部郎中　蕃舶长　教长
南京守备　守备太监　工部郎中　太平军　皇家海军　太
仓卫　副千户

参考文献

[1] 海军海洋测绘研究所,大连海运学院航海史研究室.新编郑和航海图集[M].北京:人民交通出版社,1988.

[2] 王天有,等.郑和远航与世界文明——纪念郑和下西洋600周年论文集[M].北京:北京大学出版社,2005.

[3] 纪念伟大航海家郑和下西洋580周年筹备会,中国航海史研究会.郑和下西洋论文集:第一集[M].北京:人民交通出版社,1985.

[4] 纪念伟大航海家郑和下西洋580周年筹备会,中国航海史研究会.郑和下西洋论文集:第二集[M].南京:南京大学出版社,1985.

[5] 纪念伟大航海家郑和下西洋580周年筹备会,中国航海史研究会.郑和研究资料选编[M].北京:人民交通出版社,1985.

[6] 纪念伟大航海家郑和下西洋580周年筹备会,中国航海史研究会.郑和史迹文物选[M].北京:人民交通出版社,1985.

[7] 纪念伟大航海家郑和下西洋580周年筹备会,中国航海史研究会.郑和家世资料[M].北京:人民交通出版社,1985.

[8] 郑一均.论郑和下西洋[M].北京:海洋出版社,1985.

[9] 周天.中华文明宝库:郑和下西洋[M].上海:上海古籍

出版社,1998.

[10] 范中义,王振华.郑和下西洋[M].北京:海洋出版社,
1982.

[11] 伯希和.郑和下西洋考[M].上海:商务印书馆,1935.

[12] 赵新华,靳卫平.中华帝国大航海:郑和下西洋[M].
昆明:云南人民出版社,2005.

[13] 陆静波.郑和七下西洋[M].苏州:古吴轩出版社,
2005.

[14] 朱苏进,陈敏莉.郑和[M].南京:江苏文艺出版社,
2003.

[15] 陈存仁.被误读的远行:郑和下西洋与马哥孛罗来华
考[M].桂林:广西师范大学出版社,2008.

[16] 〔英〕加文·孟席斯.1421:中国发现世界[M].师研
群,译.北京:京华出版社,2005.

[17] 郑鹤声,郑一钧.郑和下西洋资料汇编:上册[M].济
南:齐鲁书社,1980.

[18] 郑鹤声,郑一钧.郑和下西洋资料汇编:中册[M].济
南:齐鲁书社,1983.

[19] 中国航海史研究会.郑和下西洋[M].北京:人民交通
出版社,1985.

[20] 房仲甫,李二和.与郑和相遇海上[M].北京:同心出
版社,2005.

[21] 刘登阁.海殇 郑和航海六百年祭[M].长春:吉林文史
出版社,2005.

[22] 杨槱.郑和下西洋史探[M].上海:上海交通大学出版

社,2007.

[23] 孔远志,郑一钧.东南亚考察论郑和[M].北京:北京大学出版社,2008.

[24] 杜瑜.海上丝路史话[M].北京:社会科学文献出版社,2011.

[25] 孟森.明史讲义[M].长沙:岳麓书社,2010.

[26] 吴晗.吴晗论明史[M].武汉:武汉出版社,2013.